KB188521

Q 하이! 코리안

Hi! KOREAN

Student's Book

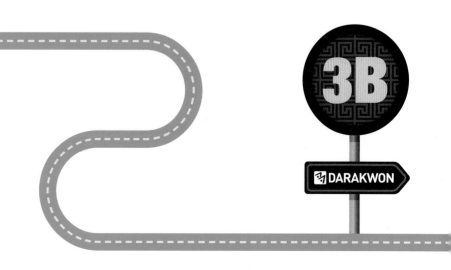

3B

DARAKWON

한국어 수업 현장에서 만나는 학습자들에게 한국어를 배우는 이유를 물으면 으레 '한국 문화가 좋아서'라고 답합니다. 어찌 보면 우문에 현답 같은 이 말 속에는 언어와 문화의 관계에 대해 굳이 거창하게 언급할 필요도 없을 만큼 이미 많은 것이 담겨 있으며, 이는 한국어 학습의 가장 기초적인 도구이자 관문이 될 수 있는 교재를 만들고자 할 때 좋은 길잡이가 되어 준 동시에 큰 숙제이기도 했습니다. 더불어 '활자 상실의 시대'라는 말이 과하지 않을 정도로 영상 콘텐츠가 대세인 환경에서 한국어 학습에 다시금 교재의 필요성과 중요성을 확인시켜야 할 의무감도 있었습니다. "Hi! Korean"은 이러한 고민들 속에서 시작되었고 여러 집필진들의 노력 끝에 출간하게 되었습니다.

본 교재는 말하기·듣기·읽기·쓰기 영역의 통합 교재로 다양한 교육 기관에서 정규 과정에 활용할 수 있도록 구성하였습니다. 또한 교육 기관을 통하지 않고 한국어를 배우고자 하는 개인 학습자들도 고려하여 교재만으로도 한국어를 학습하는 데 큰 어려움이 없도록 주의를 기울였습니다. 기본적으로는 초급부터 고급까지 구성의 일관성을 유지하며 말하기·듣기·읽기·쓰기 영역을 유기적으로 제시하되 각 단계별 특징을 고려하여 구성에 일부 차이를 두었습니다. 특히 듣기와 읽기를 과마다 제시하는 대신 과별 분리 제시하여 영역별 학습 집중도를 높이고 동일한 구성이 가져올 수 있는 지루함도 다소 덜어 내고자 하였습니다. 또한 듣기와 읽기 학습 시 문제 풀이 중심에서 벗어나 말하기로 정리하게 함으로써 의사소통 역량을 키우는 데 중점을 두었습니다. 더불어 기능별 심화 학습이 이루어질 수 있도록 초급과 고급까지 대단원마다 쓰기 및 말하기 항목을 따로 두어 초급과 중급에서 체계적으로 학습하고, 이후 고급의 심화 단계에서 응용할 수 있도록 하였습니다. 마지막으로 단원의 주제와 내용을 통해 한국의 오늘을 보다 현실감 있게 보여 주려고 노력하였는데, 이때 실제로 언어가 사용되는 환경과 동떨어지지 않으면서 동시에 학습에 적합한 내용을 제시하기 위해 내용은 물론 사진이나 삽화 등의 선택에도 끊임없이 고민하였습니다. 이러한 노력은 결국 이 책을 사용하여 한국어의 아름다움과 마주하게 될 미지의 학습자들을 위한 것으로 그들의 학습 여정에 도움이 될 수 있었으면 합니다.

서두에 밝힌 바와 같이 크고 무거운 숙제를 안고 교재 출간이 기획되었고 오랜 기간 여러 선생님들의 헌신과 노력 끝에 "Hi! Korean"이 완성되었습니다. 본 교재는 전·현직 홍익대학교 국제언어교육원의 한국어 교사들이 중심이 되어 기획 및 집필의 모든 과정을 함께 하였는데 쉼없이 강의와 집필을 병행하시느라 고생하신 선생님들께 감사드립니다. 또한 옆에서 항상 응원해 주신 홍익대학교 국제언어교육원 동료 선생님들과 처음부터 끝까지 모든 과정에서 세심하게 챙겨 주시고 이끌어 주신 정은화 선생님께 깊은 감사를 드립니다. 마지막으로 편집 및 출판을 맡아 주신 다락원 관계자 분들께도 감사의 말씀을 전합니다.

2023년 11월
저자 대표 이 현 숙

일러두기

〈Hi! Korean Student's Book 3〉은 '1단원~12단원'으로 구성되어 있고 한 단원은 '소단원 1, 2, 한 단계 오르기'로 이루어져 있다. '소단원 1'은 '문법, 대화, 어휘와 표현, 듣고 말하기 1, 2', '소단원 2'는 '문법, 대화, 어휘와 표현, 읽고 말하기 1, 2', '한 단계 오르기'는 '생각해 봅시다, 어휘 늘리기, 실전 말하기, 실전 쓰기'로 구성되었다.

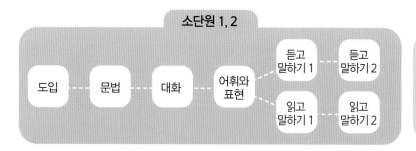

소단원 1, 2

도입 --- 문법 --- 대화 --- 어휘와 표현 --- 듣고 말하기 1 --- 듣고 말하기 2 / 읽고 말하기 1 --- 읽고 말하기 2

한 단계 오르기

- 생각해 봅시다
- 어휘 늘리기
- 실전 말하기
- 실전 쓰기

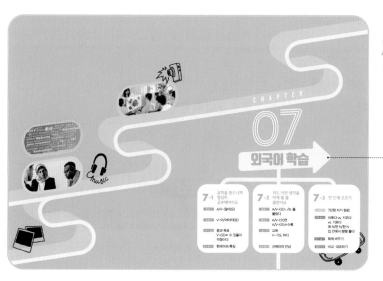

단원 소개
단원의 주제와 학습 목표를 알려 준다.

소단원 1, 2

도입
학습할 내용을 추측할 수 있도록 주제와 관련된 사진과 질문을 제시한다.

문법

'문법 제시', '연습', '활동'으로 구성된다.

소단원마다 2개의 목표 문법을 제시한다. 상황 제시 대화, 도식화된 문형 정보, 예문을 제시하여 목표 문법에 대한 이해를 돕는다. 연습과 활동을 통해 목표 문법의 활용을 연습한다.

대화

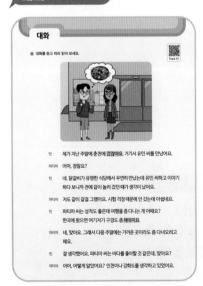

단원의 목표 문법으로 구성된 대화문을 관련된 그림과 함께 제시한다.

어휘와 표현

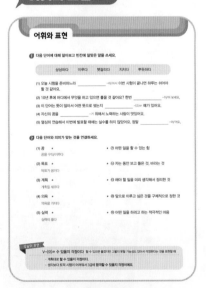

단원의 주제와 관련된 어휘와 표현을 그림이나 사진, 의미와 함께 제시하고 간단한 문제를 통해 이해했는지 확인한다.

듣고 말하기

듣고 말하기 1, 2로 구성되어 있다.

사진과 그림을 이용한 사전 활동, 내용 이해 중심의 듣기 활동, 듣기 내용과 연계된 말하기 활동으로 이루어진다. '듣고 말하기 1'이 '듣고 말하기 2'를 하기 위한 준비 활동이 될 수 있도록 구성하였다.

읽고 말하기

읽고 말하기 1, 2로 구성되어 있다.

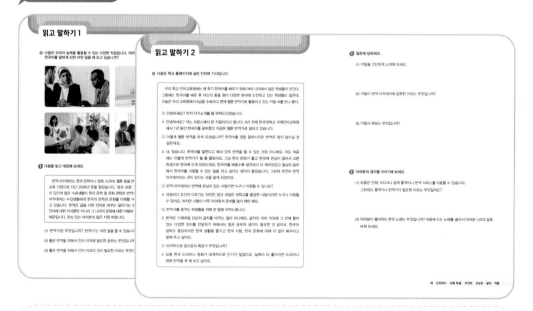

사진과 그림을 이용한 사전 활동, 내용 이해 중심의 읽기 활동, 읽기 내용과 연계된 말하기 활동으로 이루어진다. '읽고 말하기 2'는 '읽고 말하기 1'의 내용을 연계해 확장되도록 구성하였다.

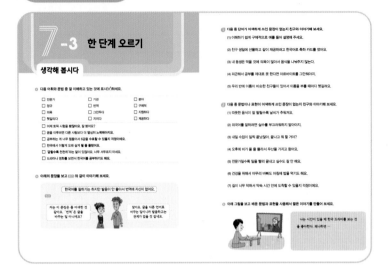

생각해 봅시다

단원에서 학습한 '어휘와 표현' 및 '문법'을 확인하고 어색한 문장을 고치는 연습을 통해 이해도를 점검한다. 단원의 주제와 관련된 짧은 이야기를 만들며 배운 내용을 종합해 볼 수 있도록 한다.

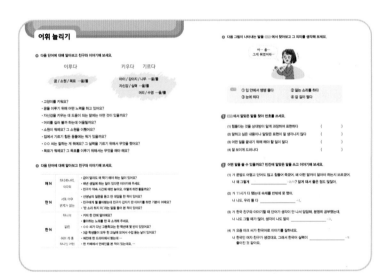

어휘 늘리기

단원의 주제와 관련된 어휘를 확장하는 부분과 관용어를 학습하는 부분으로 이루어져 있다.

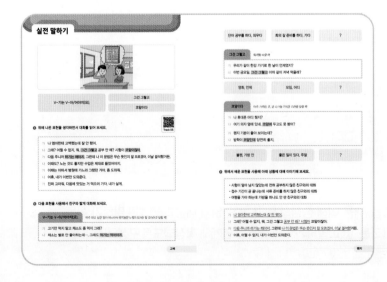

실전 말하기

각 단원의 주제와 관련된 유의미한 말하기 텍스트를 제시한다. 말하기에 사용하기 좋은 표현을 함께 제시하여 짧은 대화에서 긴 대화로 확장해 연습한다.

각 단원의 주제와 관련된 유의미한 쓰기 텍스트를 제시한다. 기능에 맞는 표현을
함께 제시하여 짧은 글에서 긴 글로 확장해 연습한다.

부록

정답, 듣기 대본, 어휘 색인을 제공
하여 학습한 내용을 확인할 수 있게
한다.

부록

정답
듣기 대본
색인

목차

교재 구성표

		단원	문법	어휘와 표현	활동	
07 외국어 학습	7-1	유학을 왔으니까 열심히 공부해야지요	• A/V-잖아(요) • V-아/어야지(요)	• 꿈과 목표 • V-(으)ㄹ 수 있을지 걱정이다	**듣고 말하기** 한국어의 특징	
	7-2	저도 이런 생각을 하게 될 줄 몰랐어요	• A/V-(으)ㄴ/는 줄 몰랐다 • A/V-(으)면 A/V-(으)ㄹ 수록	• 교육 • V-기도 하다	**읽고 말하기** 선배와의 만남	
	7-3	한 단계 오르기	**생각해 봅시다** • 7단원 자기 점검	**어휘 늘리기** • 이루다 vs. 키우다 vs. 기르다 • 매 N/딴 N/한 N • 입 안에서 뱅뱅 돌다	**실전 말하기** 화제 바꾸기	**실전 쓰기** 비교·대조하기

08
소식과
정보
	8-1	뉴스에서
		그 소식이
		나오던데요
			• A/V-던데(요)
			• N 만에
				• 사건과 사고
				• V-기(를) 바라다
				  V-아/어 주시기(를)
				  바랍니다
					듣고 말하기
					오늘의 뉴스	

	8-2	안 쓰는 물건을 팔려고 인터넷에 올려 놓았어요	• V-아/어 놓다/두다 • V-고 보니(까)	• 상품 거래 • N에다(가)	**읽고 말하기** 오이 마켓	
	8-3	한 단계 오르기	**생각해 봅시다** • 8단원 자기 점검	**어휘 늘리기** • 사건 vs. 소식 vs. 소문 • 인터넷 쇼핑 • 쏜살같이	**실전 말하기** 정보 전달하기	**실전 쓰기** 육하원칙
09 일상의 문제	9-1	체했을 때는 음식을 먹지 못하게 하세요	• V-이/히/리/기/우- (사동) • V-게 하다	• 응급 상황 • A/V-아/어 가지고	**듣고 말하기** 119 신고 전화	

	9-2	화면이 안 나오면
		전원을 껐다가
		다시 켜 보세요
			• 아무 N(이)나, 아무 N도
			• V-았/었다(가) V
				• 고장
				• A-(으)ㄴ지 안 A-(으)ㄴ지
				  모르겠다
				  V-는지 안/못 V-는지
				  모르겠다
					읽고 말하기
					제품 설명서	

	9-3	한 단계 오르기	**생각해 봅시다** • 9단원 자기 점검	**어휘 늘리기** • N이/가 떨어지다 • 진료 과목과 비상약 • 마이너스의 손	**실전 말하기** 확인하기	**실전 쓰기** 묘사하기

		단원	문법	어휘와 표현	활동	
10 생활 습관	10-1	빈 씨가 예전에는 대충 먹더니 요즘에는 잘 챙겨 먹네요	• A/V–더니 • A/V–(으)ㄹ걸(요)	• 식습관 • A/V–(으)ㄹ 수도 있다	**듣고 말하기** 몸에 좋은 식습관	

	10-2	혼자 사는 만큼 건강을 잘 챙겨야 할 텐데요	• A–(으)ㄴ 만큼
			  V–는 만큼
			  N만큼
			• A/V–아/어야 할 텐데
				• 신체와 동작
				• V–기는 틀렸다
					읽고 말하기
					스트레칭	

	10-3	한 단계 오르기	**생각해 봅시다** • 10단원 자기 점검	**어휘 늘리기** • 들다/둘리다/모으다 • 양다리를 걸치다	**실전 말하기** 예상하기	**실전 쓰기** 분류하기
11 전통 문화	11-1	한국의 예절을 잘 알던데 비결이 뭐예요?	• A/V–던데 • A/V–기는(요)	• 한국의 예절 • V–(으)려면 (아직/한참) 멀었다	**듣고 말하기** 예절을 몰라서 생긴 일	
	11-2	고향에 가려다가 여행을 다녀왔어요	• V–(으)려다(가) • V–는 바람에	• 한국의 풍습 • V–아/어 왔다	**읽고 말하기** 특별한 날과 떡	
	11-3	한 단계 오르기	**생각해 봅시다** • 11단원 자기 점검	**어휘 늘리기** • 호칭 • 마음이 굴뚝같다	**실전 말하기** 강조하기	**실전 쓰기** 정리하기
12 적성과 진로	12-1	노력 없이 성공했을 리가 없어요	• V–(으)려던 참이다 • A/V–(으)ㄹ 리(가) 없다	• 성공과 실패 • V–(으)ㄹ까 말까 하다	**듣고 말하기** 재능 vs. 노력	
	12-2	진로를 급하게 결정해 버리면 안 돼요	• V–아/어 버리다 • V–(으)나 마나	• 진학과 진로 • 거의 다 V–아/어 가다	**읽고 말하기** 진로 심리 검사	
	12-3	한 단계 오르기	**생각해 봅시다** • 12단원 자기 점검	**어휘 늘리기** • 불–/비–/헛–/맨– • 잘 자랄 나무는 떡잎부터 안다	**실전 말하기** 반박하기	**실전 쓰기** 긴 글 쓰기

카린

일본인, 간호사

첸

중국인, 유학생

파티마

이집트인, 회사원

엠마

미국인, 요리사

올가

러시아인, 주부 / 디자이너

유민

한국인, 대학생

마크

프랑스인, 모델

빈

베트남인, 크리에이터

김민아

한국인, 대학생

박서준

한국인, 대학생

이지은 선생님

한국인, 선생님

파비우

브라질인, 유학생

music

CHAPTER

07

외국어 학습

7-1

유학을 왔으니까 열심히 공부해야지요

- 여러분은 지금까지 어떤 외국어를 공부했습니까?
  그 언어는 여러분 나라의 말과 어떤 점이 비슷합니까? 어떤 점이 다릅니까?
- 다른 외국어 공부와 비교하면 한국어 공부는 어떻습니까?
  그렇게 생각하는 이유는 무엇입니까?

문법 1

A/V-잖아(요)

왜 학교에 안 가요?

휴일이잖아요.

> 상대방이 알고 있는 이유를 말하거나 상대방이 알고 있을 거라고 생각하는 상황을 확인하며 말할 때 사용한다.

오늘은 학교에 안 가요. **휴일이잖아요.**

↓

이미 알고 있는 사실 (이유)

- 문화 체험 때 놀이공원에 가면 좋겠어요. 제가 놀이공원을 **좋아하잖아요.**
- 가 동생 생일 선물로 그 옷을 살 거예요?
  나 네, **귀엽잖아요.**
- 이제 그만 쉬는 게 어때요? 내일도 일이 **있잖아요.**
- 동영상을 볼 때는 이어폰을 사용하세요. 교실은 모두 같이 쓰는 **거잖아요.**
- 오늘 오후에 같이 산책하기로 **했잖아요.** 미안하지만 내일 해도 될까요?
- 가 맥주 한 잔 하러 갈래요?
  나 네? 제가 전에도 술을 못 마신다고 **했잖아요.**

연습

● 문장을 만들어 보세요.

(1) 한국어 수업을 듣다

→ 매일 단어를 외워야 해서 힘들어요. 제가 요즘 _____

(2) 내일 홍대에서 만나기로 했다

→ _____. 약속 장소를 바꿔도 될까요?

(3) 외국어

→ 한국 친구들은 영어가 어렵다고 하는데 저는 한국어가 어려워요.

저한테 한국어는 _____

1 보기 와 같이 이야기해 보세요.

보기 아이스크림을 더 먹다   그만 먹다, 찬 음식을 많이 먹으면 배가 아프다

아이스크림 더 먹을래요?

아니요, 그만 먹을래요. 찬 음식을 많이 먹으면 배가 아프잖아요.

(1) 학교까지 버스로 가다   지하철로 가다, 출근 시간에는 길이 막히다

(2) 수요일 오전에 영화 보다   주말에 보다, 평일 오전에는 수업이 있다

(3) 같이 공부하다   혼자 공부하다, (　　　　　　　)

(4) 떡볶이를 먹다   (　　　　　　), (　　　　　　)

2 보기 와 같이 대화를 만들어 보세요.

보기

아침에 미역국을 먹었다면서요?

한국에서는 생일에 미역국을 먹잖아요. 오늘은 제 생일이거든요.

질문	친구가 알 것 같은 정보	친구가 모를 것 같은 정보
아침에 미역국을 먹었다면서요?	한국에서는 생일에 미역국을 먹다	오늘은 내 생일이다
왜 학생 식당에 자주 가요?	가깝고 편하다	요즘 바쁘다
제주도에 간다면서요?	내일부터 연휴다	
왜 마트 대신에 시장에 가요?		

문법 2

V-아/어야지(요)

장학금을 받고 싶어요.

그래요? 그러면 열심히 공부해야지요.

듣는 사람이나 다른 사람이 어떤 일을 해야 하거나 어떤 상태여야 한다고 부드럽게 말할 때 사용한다.
말하는 사람이 앞으로 하겠다고 생각한 일에 대해 자신의 결심이나 의지를 나타낼 때에도 사용할 수 있다.

장학금을 받고 싶으면 열심히 **공부해야지요.**

↓

해야 하는 일 / 상태

- 가 너 먼저 점심 먹어. 난 이것부터 먼저 해야 할 것 같아.
  나 아무리 바빠도 밥은 먹고 **해야지.**
- 가 시험 성적이 너무 안 좋아서 속상해요.
  나 시험 보기 전에 열심히 **공부했어야지요.**
- 가 살이 자꾸 쪄서 걱정이야.
  나 살이 찌는 게 걱정이면 야식을 **먹지 말아야지.**
- 가 전에 운동한다고 했잖아. 요즘도 계속 하고 있어?
  나 아니. 내일부터 다시 **시작해야지.**

연습

● 문장을 만들어 보세요.

(1) 모임에 못 갈 것 같다 / 친구에게 미리 연락하다

→ _____

(2) 문법이 어렵다 / 질문을 했다

→ _____

(3) 다음 학기에도 한국어를 배우고 싶다 / 결석하지 말다

→ _____

활동

1 보기와 같이 이야기해 보세요.

보기 | 제주도에 가다, 해산물을 많이 먹다 | 제주도는 흑돼지가 유명하다, 흑돼지를 먹다

제주도에 간다면서? 해산물을 많이 먹겠네.

제주도는 흑돼지가 유명하잖아. 흑돼지를 먹어야지.

(1) 경복궁에 가다,
구경할 게 많아서 좋다

구경보다 사진이 중요하다
한복을 입고 사진부터 찍다

(2) 이번 방학에 고향에 가다,
오랜만에 고향 친구들을 만나다

부모님을 오랫동안 만나지 못했다,
부모님부터 만나다

(3) 커피숍에서 친구를 만나기로 했다,
또 커피를 마시다

오후에 커피를 마시면 밤에 자기 힘들다,
(   )

(4) 오늘도 도서관에 가다, 피곤하다

(   ), (   )

2 보기와 같이 이야기해 보세요.

보기

계단에서 넘어져서 다쳤어요.

조심했어야지요.

계단에서 넘어지다, 다쳤다	조심하다
집에만 있다, 외롭다	
라면을 많이 먹다, 건강이 안 좋아졌다	
여권을 안 가지고 가다, 비행기를 놓쳤다	

대화

● 대화를 듣고 따라 읽어 보세요.

Track 01

빈	제가 지난 주말에 춘천에 갔잖아요. 거기서 유민 씨를 만났어요.

파티마 어머, 정말요?

빈 네. 닭갈비가 유명한 식당에서 우연히 만났는데 유민 씨하고 이야기
하다 보니까 전에 같이 놀러 갔던 때가 생각이 났어요.

파티마 저도 같이 갈걸 그랬어요. 시험 걱정 때문에 안 갔는데 아쉽네요.

빈 파티마 씨는 성적도 좋은데 여행을 좀 다니는 게 어때요?
한국에 왔으면 여기저기 구경도 좀 해야지요.

파티마 네, 맞아요. 그래서 다음 주말에는 가까운 곳이라도 좀 다녀오려고
해요.

빈 잘 생각했어요. 파티마 씨는 바다를 좋아할 것 같은데, 맞아요?

파티마 어머, 어떻게 알았어요? 인천이나 강화도를 생각하고 있었어요.

어휘와 표현

1 다음 단어에 대해 알아보고 빈칸에 알맞은 말을 쓰세요.

> 상상하다　　이루다　　헷갈리다　　지치다　　뿌듯하다

(1) 오늘 시험을 준비하느라 ＿＿＿＿＿＿＿＿ –아/어서 이번 시험이 끝나면 하루는 쉬어야
　　할 것 같아요.

(2) 10년 후에 어디에서 무엇을 하고 있으면 좋을 것 같아요? 한번 ＿＿＿＿＿＿＿＿ –아/어 보세요.

(3) 이 단어는 뜻이 많아서 어떤 뜻으로 썼는지 ＿＿＿＿＿＿＿＿ –(으)ㄹ 때가 있어요.

(4) 자신의 꿈을 ＿＿＿＿＿＿＿＿ –기 위해서 노력하는 사람이 멋있어요.

(5) 열심히 연습해서 이번에 발표할 때에는 실수를 하지 않았어요. 정말 ＿＿＿＿＿＿＿＿ –아/어요.

2 다음 단어와 의미가 맞는 것을 연결하세요.

(1) 꿈　　•
　　꿈을 꾸다/이루다

(2) 목표　　•
　　목표가 생기다

(3) 계획　　•
　　계획을 세우다

(4) 의욕　　•
　　의욕을 가지다

(5) 실력　　•
　　실력이 좋다

　　　　　　• ㉮ 어떤 일을 할 수 있는 힘

　　　　　　• ㉯ 자는 동안 보고 들은 것, 바라는 것

　　　　　　• ㉰ 해야 할 일을 미리 생각해서 정리한 것

　　　　　　• ㉱ 앞으로 이루고 싶은 것을 구체적으로 정한 것

　　　　　　• ㉲ 어떤 일을 하려고 하는 적극적인 마음

오늘의 표현

V–(으)ㄹ 수 있을지 걱정이다 할 수 있으면 좋겠지만 그렇지 못할 가능성도 있어서 걱정된다는 것을 표현할 때

　• 계획대로 할 수 있을지 걱정이다.
　• 생각보다 토픽 시험이 어려워서 3급에 **합격할 수 있을지 걱정**이에요.

듣고 말하기 1

◎ 여러분은 한국어를 왜 배웁니까?

Track 02

1 다음을 잘 듣고 대답해 보세요.

(1) 한국어를 배우는 유학생들이 걱정하는 것은 무엇입니까?

(2) 한국어 공부로 지쳤을 때 무엇을 생각해 보면 좋습니까?

(3) 여러분은 한국어를 배우는 동안 지쳤던 때가 있습니까? 그때 무슨 일이 있었습니까?

모습 │ 구체적 │ 어느새 │ 발견하다

듣고 말하기 2

Track 03

1 다음을 잘 듣고 질문에 답하세요.

(1) 다음은 파비우와 카린이 한국어를 공부할 때 어렵다고 한 부분입니다. 정리해 보세요.

표현	
단어	
높임말	
호칭	

(2) 파비우는 어떤 실수를 했습니까?

2 여러분의 생각을 이야기해 보세요.

(1) 여러분은 한국어를 공부할 때 한국어의 어떤 부분이 이해하기 어려웠습니까? 그 이유는 무엇이라고 생각합니까?

(2) 파비우와 카린은 한국어 공부가 어려운 이유를 한국어의 특징에서 찾았습니다. 여러분 나라의 말은 어떻습니까? 한국어와 비슷합니까? 다릅니까? 친구와 이야기해 보세요.

한국어	우리 나라의 말
순서를 말할 때 쓰는 표현이 다양한 것 같아요. 예를 들면 …	
한 단어에 뜻이 많은 것 같지요? 예를 들면 …	
어른들과 말할 때 사용해야 하는 말이 좀 다른 것 같은데요. 예를 들면 …	
친구나 동생은 이름으로 부를 수 있잖아요. 그런데 그렇지 않은 경우도 많은 것 같아요. 예를 들면 …	
가족 관계에서 사용하는 호칭이 많지 않나요? 예를 들면 …	

● 다음 표현은 무슨 뜻일까요? 이 말을 여러분 나라의 말로는 어떻게 말합니까? 한국어로 말할 때와 무엇이 어떻게 다릅니까?

(1) 가 어떻게 오셨어요?

　　나 머리 자르러 왔어요.

　　나 버스 타고 왔어요.

(2) 가 시험 준비를 잘하고 있어?

　　나 준비를 잘하면 합격할 것 같아.

　　나 시험이 많이 어렵대. 잘하면 다시 봐야 할 것 같아.

(3) 가 죄송한데 여기 자리 있어요?

　　나 네, 있어요.

　　나 아니요, 없어요.

(4) 가 나 요가 끊었어.

　　나 그래? 언제부터 하는데?

　　나 그래? 왜 그만뒀는데?

도대체 | 한글 | 명사 | 서빙 | 호칭 | 친척

7-2 저도 이런 생각을 하게 될 줄 몰랐어요

- 외국어를 잘하면 어떤 점이 좋다고 생각합니까?
- 한국어를 잘하게 된다면 해 보고 싶은 일이 있습니까?

문법 1

A/V-(으)ㄴ/는 줄 몰랐다

왜 이렇게 늦었어요?

미안해요. 이렇게 차가 막힐 줄 몰랐어요.

말하는 사람이 어떤 사실에 대해 몰랐거나 그 사실이 내 예상이나 기대와는 다를 때 사용한다.

이렇게 차가 **막힐 줄 몰랐어요.**

↓

예상과는 다른 내용

- 자느라고 비가 **오는 줄 몰랐어요.**
- 한국의 여름이 이렇게 **더운 줄 몰랐는데** 우리 고향보다 덥네요.
- 저는 올가 씨가 **결혼한 줄 몰랐어요.**
- 오늘이 쉬는 **날인 줄도 모르고** 아침 일찍 학교에 갔어요.
- 첸 씨가 한국어를 그렇게 **잘할 줄 몰랐어요.** 한국어를 배운 지 얼마 안 됐잖아요.

연습

◉ 문장을 만들어 보세요.

(1) 오후에 비가 올 것이다 / 몰랐다

→ _____

(2) 오늘 단어 시험을 보다 / 몰랐다

→ _____

(3) 저분이 우리 학교 선생님이다 / 몰랐다

→ _____

활동

1 보기 와 같이 이야기해 보세요.

보기 아주 중요한 시험이다, 공부를 열심히 하다   시험이 어렵다

아주 중요한 시험인데 공부를 열심히 하지 그랬어요?

그러니까요. 시험이 이렇게 어려울 줄 몰랐죠. 열심히 할 걸 그랬어요.

(1) 맛집이라서 자리가 없다, 예약하다   손님이 많다

(2) 태풍 때문에 날씨가 안 좋다, 친구를 다음에 만나다   비가 많이 오다

(3) 요리하는 게 힘들다, (   )   한국 음식이 손이 많이 가다

(4) 차로 가면 오래 걸리다, KTX를 타다   (   )

2 친구와 서로 궁금한 것을 물어본 후에 보기 와 같이 이야기해 보세요.

보기

집에 강아지나 고양이가 있어요?

네, 고양이를 키워요.

그래요? 저는 엠마 씨가 고양이를 키우는 줄 몰랐어요.

질문	친구의 대답
집에 강아지나 고양이가 있어요?	네, 고양이를 키워요.
안(못) 먹는 음식이 있어요?	
혼자 살아요?	

문법 2

A/V-(으)면 A/V-(으)ㄹ수록

한국어를 배워 보니까 어때요?

배우면 배울수록
어려워지는 것 같아요.

행동이 반복되거나 정도가 심해지면 그에 따라 상황이 변함을 나타낼 때 사용한다.

배우면 배울수록	어려워지는 것 같아요.
↓	↓
행동의 반복	상황의 변화

- 이 집은 **살면 살수록** 마음에 들어요.
- 지하철역이 **가까우면 가까울수록** 월세가 비싸요.
- 중요한 **일일수록** 잘 생각해 보고 결정해야 돼요.
- 지금이 5월이니까 **갈수록** 더워질 거예요.

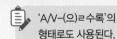
'A/V-(으)ㄹ수록'의
형태로도 사용된다.

연습

● 문장을 만들어 보세요.

(1) 이 음악 / 듣다 / 좋아지다

→ _____

(2) 휴대폰 / 기능이 많다 / 비싸다

→ _____

(3) 그 배우 / 보다 / 잘생겼다

→ _____

1 보기와 같이 이야기해 보세요.

보기 배가 고프다, 밥을 빨리 먹다, 배탈이 나다   천천히 먹다

배가 고파서 밥을 빨리 먹었더니 배탈이 난 것 같아요.

배가 고플수록 천천히 먹었어야지요.

(1) 친한 친구이다, 편하게 말하다,   예의를 지키다
    친구가 화가 나다

(2) 문제가 쉽다, 빨리 풀다, 틀리다   꼼꼼하게 확인하다

(3) 강아지가 귀엽다, 간식을 많이 주다,   (   )
    건강이 나빠지다

(4) 아이가 예쁘다, 혼을 안 내다, 예의가 없다   (   )

2 다음 주제에 대해 보기와 같이 이야기해 보세요.

보기

마크 씨는 많을수록 좋은 게 뭐라고 생각해요?

글쎄요. 저는 친구가 많을수록 좋은 것 같아요. 카린 씨는요?

주제	나	친구
많을수록 좋은 것	친구	
할수록 재미있는 것		
없을수록 좋은 것		
먹을수록 더 먹고 싶은 음식		

대화

● 대화를 듣고 따라 읽어 보세요.

Track 04

파티마　저기 나오는 외국인들은 정말 한국 사람처럼 말하네요.

엠마　　맞아요. 진짜 한국 사람 같죠? 얼마나 열심히 공부해야 저렇게 잘할 수
　　　　있을까요? 정말 부러워요.

파티마　저 사람들은 아마 한국에 오래 살았을 거예요. 한국에서 일도 하고 있고요.
　　　　엠마 씨 한국어 실력도 갈수록 좋아질 테니까 너무 부러워하지 마세요.

엠마　　저도 좀 더 한국어를 잘하게 되면 파티마 씨처럼 한국에서 일해 보고 싶어요.

파티마　그래요? 저는 엠마 씨가 한국에서 계속 살고 싶어 하는 줄 몰랐어요.
　　　　미국으로 돌아가서 다시 요리사를 할 거라고 생각했어요.

엠마　　원래는 1년 정도 한국어를 배운 후에 다시 미국으로 돌아갈 예정이었는데
　　　　한국에서 살아 보니까 한국이 좋아졌어요. 한국 요리도 배워 보고 싶고요.
　　　　저도 이런 생각을 하게 될 줄 몰랐어요.

원래

어휘와 표현

1 다음 단어에 대해 알아보고 빈칸에 알맞은 말을 쓰세요.

> 관심을 가지다　　교육을 받다　　수료하다　　지원하다　　활동하다

(1)

→

(2)

→

(3)

(4)

→

(5)

→

2 다음 단어와 의미가 맞는 것을 연결하세요.

(1) 과정　　●

(2) 기관　　●

(3) 분야　　●

(4) 전문가　　●

(5) 지식　　●

● ㉮ 특별한 목적을 위해 만들어진 곳

● ㉯ 배우거나 경험으로 알게 된 것

● ㉰ 여러 종류로 나누어진 부분

● ㉱ 학교에서 학생들이 공부할 내용과 계획

● ㉲ 어떤 일에 대해 잘 알고 경험이 많은 사람

오늘의 표현

A/V-기도 하다 (일반적이지는 않지만) 이러한 경우도 있다

- 전문가들도 가끔 실수를 **하기도 한다.**
- 혼자 사니까 자유로워서 좋기도 하지만 가끔은 **외롭기도 해.**

읽고 말하기 1

● 다음은 외국어 능력을 활용할 수 있는 다양한 직업입니다. 여러분은 어떤 일에 관심이 있습니까? 한국어를 잘하게 되면 어떤 일을 해 보고 싶습니까?

1 다음을 읽고 대답해 보세요.

> 번역 아카데미는 한국 문학이나 영화, 드라마, 웹툰 등을 번역하는 전문가를 키우기 위한 교육 기관으로 지난 2008년 문을 열었습니다. '정규 과정', '야간 과정' 등 총 4개의 과정이 있으며 많은 수료생들이 한국 문학 및 문화 콘텐츠 번역가로 활동하고 있습니다. 번역 아카데미는 수강생들에게 한국의 문학과 문화를 이해할 수 있는 다양한 기회도 제공하고 있습니다. 번역은 글을 다른 언어로 바꾸는 일이기는 하지만 좋은 번역을 위해서는 언어에 대한 지식뿐만 아니라 그 나라의 문화에 대한 이해와 다양한 배경 지식이 필요하기 때문입니다. 관심 있는 여러분의 많은 지원 바랍니다.

(1) '번역'이란 무엇입니까? '번역가'는 어떤 일을 할 수 있습니까?

(2) 좋은 번역을 위해서 언어 이외에 필요한 공부는 무엇입니까?

(3) 좋은 번역을 위해서 언어 이외의 것이 필요한 이유는 무엇이라고 생각합니까?

번역 | 정규 | 야간 | 콘텐츠 | 배경 | 수강생

읽고 말하기 2

● 다음은 학교 홈페이지에 실린 인터뷰 기사입니다.

우리 학교 언어교육원에는 매 학기 한국어를 배우기 위해 여러 나라에서 많은 학생들이 모인다. 그중에는 한국어를 배운 후 자신의 꿈을 찾아 다양한 분야에 도전하고 있는 학생들도 많은데, 오늘은 우리 교육원에서 6급을 수료하고 현재 웹툰 번역가로 활동하고 있는 카밀 씨를 만나 봤다.

Q 안녕하세요? 먼저 자기소개를 좀 부탁드리겠습니다.

A 안녕하세요? 저는 프랑스에서 온 카밀이라고 합니다. 4년 전에 한국대학교 국제언어교육원에서 1년 동안 한국어를 공부했고 지금은 웹툰 번역가로 일하고 있습니다.

Q 어떻게 웹툰 번역을 하게 되셨습니까? 한국어를 정말 잘하시지만 번역은 쉽지 않으실 것 같은데요.

A 네, 맞습니다. 한국어를 잘한다고 해서 모두 번역을 할 수 있는 것은 아니에요. 저도 처음에는 이렇게 번역가가 될 줄 몰랐어요. 그냥 한국 문화가 좋고 한국에 관심이 많아서 교환학생으로 한국에 오게 되었는데요, 한국어를 배울수록 생각보다 더 재미있었고 열심히 공부해서 한국어를 사용할 수 있는 일을 하고 싶다는 생각이 들었습니다. 그런데 우연히 번역아카데미라는 곳이 있다는 것을 알게 되었어요.

Q 번역 아카데미는 번역에 관심이 있는 사람이면 누구나 지원할 수 있나요?

A 과정마다 조건이 다르기는 하지만 정규 과정은 대학교를 졸업한 사람이라면 누구나 지원할 수 있어요. 하지만 시험이 너무 어려워서 준비를 많이 해야 해요.

Q 번역가를 꿈꾸는 학생들을 위해 한 말씀 부탁드립니다.

A 번역은 기계처럼 단순히 글자를 바꾸는 일이 아니에요. 글자의 의미 이외에 그 안에 들어 있는 다양한 의미를 전달하기 위해서는 많은 공부와 생각이 필요한 것 같아요. 한국어 공부도 중요하지만 한국 생활을 즐기고 한국 사람, 한국 문화에 대해 더 많이 배우라고 말해 주고 싶어요.

Q 마지막으로 앞으로의 목표가 무엇입니까?

A 요즘 한국 드라마나 영화가 세계적으로 인기가 많잖아요. 실력이 더 좋아지면 드라마나 영화 번역을 꼭 해 보고 싶어요.

1 질문에 답하세요.

(1) 카밀을 간단하게 소개해 보세요.

(2) 카밀이 번역 아카데미에 입학한 이유는 무엇입니까?

(3) 카밀의 목표는 무엇입니까?

2 여러분의 생각을 이야기해 보세요.

(1) 요즘은 언제, 어디서나 쉽게 통역이나 번역 서비스를 이용할 수 있습니다.
그런데도 통역가나 번역가가 필요한 이유는 무엇일까요?

(2) 여러분이 좋아하는 노래는 무엇입니까? 여러분 나라의 노래 중 마음에 드는 노래를 골라서
그 내용을 친구들에게 한국어로 소개해 보세요.

매 ㅣ 도전하다 ㅣ 교환 학생 ㅣ 우연히 ㅣ 단순히 ㅣ 글자 ㅣ 역할

7-3 한 단계 오르기

생각해 봅시다

◉ 다음 어휘와 문법 중 잘 이해하고 있는 것에 표시(✔)하세요.

☐ 전문가	☐ 기관	☐ 분야
☐ 정규	☐ 번역	☐ 구체적
☐ 의욕	☐ 그만두다	☐ 지원하다
☐ 헷갈리다	☐ 지치다	☐ 제공하다

☐ 어제 토픽 시험을 **봤잖아요**. 잘 봤어요?

☐ 꿈을 이루려면 다른 사람보다 더 열심히 **노력해야지요**.

☐ 공부하는 게 너무 힘들어서 6급을 **수료할 수 있을지** 걱정이에요.

☐ 한국에서 이렇게 오래 살게 **될 줄 몰랐어요**.

☐ '**급할수록 천천히**'라는 말이 있잖아요. 너무 서두르지 마세요.

☐ 드라마나 영화를 보면서 한국어를 **공부하기도 해요**.

◉ 아래의 문장을 보고 보기 와 같이 이야기해 보세요.

> 한국어를 잘하기는 하지만 발음이 안 좋아서 번역에 자신이 없어요.

보기

저는 이 문장은 좀 어색한 것 같아요. '번역'은 글을 바꾸는 일 아니에요?

맞아요. 글을 다른 언어로 바꾸는 일이니까 발음하고는 관계가 없을 것 같네요.

1 다음 중 단어가 어색하게 쓰인 문장이 없는지 친구와 이야기해 보세요.

(1) 이해하기 쉽게 구체적으로 예를 들어 설명해 주세요.

(2) 친구 생일에 선물하고 같이 제공하려고 한국어로 축하 카드를 썼어요.

(3) 내 동생은 먹을 것에 의욕이 많아서 음식을 나눠주지 않는다.

(4) 피곤해서 공부를 제대로 못 한다면 아르바이트를 그만둬야지.

(5) 우리 반에 이름이 비슷한 친구들이 있어서 이름을 부를 때마다 헷갈려요.

2 다음 중 문법이나 표현이 어색하게 쓰인 문장이 없는지 친구와 이야기해 보세요.

(1) 따뜻한 음식이 잘 팔릴수록 날씨가 추워져요.

(2) 외국어를 잘하려면 실수를 부끄러워하지 말아야지.

(3) 내일 수업이 일찍 끝났잖아. 끝나고 뭐 할 거야?

(4) 오후에 비가 올 줄 몰라서 우산을 가지고 왔어요.

(5) 전문가일수록 일을 빨리 끝내고 실수도 잘 안 해요.

(6) 건강을 위해서 아무리 바빠도 아침에 밥을 먹기도 해요.

(7) 길이 너무 막혀서 약속 시간 안에 도착할 수 있을지 걱정이에요.

● 아래 그림을 보고 배운 문법과 표현을 사용해서 짧은 이야기를 만들어 보세요.

나는 시간이 있을 때 한국 드라마를 보는 것을 좋아한다. 왜냐하면 …

어휘 늘리기

◉ 다음 단어에 대해 알아보고 친구와 이야기해 보세요.

이루다

꿈 / 소원 / 목표 …을/를

키우다   기르다

아이 / 강아지 / 나무 …을/를
자신감 / 실력 …을/를
머리 / 수염 …을/를

• 고양이를 키워요?

• 꿈을 이루기 위해 어떤 노력을 하고 있어요?

• 자신감을 키우는 데 도움이 되는 말에는 어떤 것이 있을까요?

• 머리를 길러 볼까 하는데 어울릴까요?

• 소원이 뭐예요? 그 소원을 이뤘어요?

• 집에서 기르기 힘든 동물에는 뭐가 있을까요?

• ○○ 씨는 잘하는 게 뭐예요? 그 실력을 기르기 위해서 무엇을 했어요?

• 목표가 뭐예요? 그 목표를 이루기 위해서는 무엇을 해야 해요?

◉ 다음 단어에 대해 알아보고 친구와 이야기해 보세요.

매 N	하나하나의, 각각의	• 급이 달라도 매 학기 해야 하는 일이 있어요? • 매년 생일에 하는 일이 있다면 이야기해 주세요. • 친구가 약속 시간에 매번 늦어요. 어떻게 하면 좋을까요?
딴 N	서로 아무 관계가 없는	• 선생님의 질문을 듣고 딴 대답을 한 적이 있어요? • 친구에게 뭘 물어봤는데 친구가 갑자기 딴 이야기를 하면 기분이 어때요? • '딴 소리 하지 마.'라는 말을 들어 본 적이 있어요?
한 N	하나의	• 커피 한 잔에 얼마예요? • 좋아하는 노래를 한 곡 소개해 주세요.
	같은	• ○○ 씨가 다닌 고등학교는 한 학년에 몇 반이 있었어요? • 3급 학생들이 모두 한 교실에 모여서 수업 듣는 날이 있어요?
	여러 개 중 하나인 어떤	• 예전에 한 드라마에서 봤는데 … • 한 카페에서 연예인을 본 적이 있는데요, …

● 다음 그림이 나타내는 말을 보기 에서 찾아보고 그 의미를 생각해 보세요.

> 어… 음…
> 그게 뭐였더라…

보기 　① 입 안에서 뱅뱅 돌다　　② 앓는 소리를 하다
　　　　③ 눈에 띄다　　　　　　④ 갈 길이 멀다

1 보기 에서 알맞은 말을 찾아 번호를 쓰세요.

(1) 힘들다는 것을 상대방이 알게 과장하여 표현하다　　　　(　　　　)

(2) 말하고 싶은 내용이나 알맞은 표현이 잘 생각나지 않다　　(　　　　)

(3) 어떤 일을 끝내기 위해 해야 할 일이 많다　　　　　　　(　　　　)

(4) 잘 보이게 드러나다　　　　　　　　　　　　　　　　　(　　　　)

2 어떤 말을 쓸 수 있을까요? 빈칸에 알맞은 말을 쓰고 이야기해 보세요.

(1) 가 문법도 어렵고 단어도 많고 힘들어 죽겠어. 왜 이런 말까지 알아야 하는지 모르겠어.

　　나 왜 그렇게 ＿＿＿＿＿＿＿＿＿＿＿＿ –아/어? 알게 돼서 좋은 점도 많잖아.

(2) 가 11시가 다 됐는데 숙제를 반밖에 못 했어.

　　나 나도. 우리 둘 다 ＿＿＿＿＿＿＿＿＿＿＿ –네.

(3) 가 한국 친구와 이야기할 때 단어가 생각이 안 나서 답답해. 분명히 공부했는데.

　　나 나도 그럴 때가 많아. 생각이 나도 말이 ＿＿＿＿＿＿＿＿＿＿ –고.

(4) 가 요즘 마크 씨가 한국어로 이야기를 잘하네요.

　　나 한국인 여자 친구가 생겼대요. 그래서 한국어 실력이 ＿＿＿＿＿＿＿＿＿ –게
　　　좋아진 것 같아요.

실전 말하기

V-기는 V-아/어야지(요).	그건 그렇고
	코앞이다

Track 05

● 위에 나온 표현을 생각하면서 대화를 읽어 보세요.

> 가 나 엠마한테 고백했는데 잘 안 됐어.
>
> 나 그래? 어쩔 수 없지, 뭐. 그건 그렇고 공부 안 해? 시험이 코앞이잖아.
>
> 가 다음 주니까 하기는 해야지. 그런데 나 이 문법은 무슨 뜻인지 잘 모르겠어. 이날 결석했거든.
>
> 나 이때도? 노는 것도 좋지만 수업은 제대로 들었어야지.
>
> 가 이때는 아파서 병원에 가느라 그랬던 거야. 좀 도와줘.
>
> 나 어휴, 내가 이번만 도와준다.
>
> 가 진짜 고마워. 다음에 맛있는 거 먹으러 가자. 내가 살게.

● 다음 표현을 사용해서 친구와 짧게 대화해 보세요.

> **V-기는 V-아/어야지(요).**   아주 하고 싶은 일이 아니라서 못마땅한 느낌이 있지만 할 것이라고 말할 때
>
> 가 고기만 먹지 말고 채소도 좀 먹지 그래?
>
> 나 채소는 별로 안 좋아하는데…. 그래도 먹기는 먹어야지.

고백

40

| 단어 공부를 하다, 외우다 | 회의 갈 준비를 하다, 가다 | ? |

그건 그렇고   화제를 바꿀 때

가 우리가 같이 한강 가기로 한 날이 언제였지?

나 이번 금요일. 그건 그렇고 이따 같이 저녁 먹을래?

| 영화, 언제 | 모임, 어디 | ? |

코앞이다   아주 가까운 곳, 곧 다가올 가까운 미래를 말할 때

가 나 휴대폰 어디 뒀지?

나 여기 의자 옆에 있네. 코앞에 두고도 못 봤어?

가 왠지 기분이 좋아 보이는데?

나 방학이 코앞인데 당연히 좋지.

| 볼펜, 가방 안 | 좋은 일이 있다, 주말 | ? |

● 위에서 배운 표현을 사용해 아래 상황에 대해 이야기해 보세요.

- 시험이 얼마 남지 않았는데 전혀 공부하지 않은 친구와의 대화
- 접수 기간이 곧 끝나는데 서류 준비를 하지 않은 친구와의 대화
- 여행을 가야 하는데 가방을 하나도 안 싼 친구와의 대화

가 나 엠마한테 고백했는데 잘 안 됐어.

나 그래? 어쩔 수 없지, 뭐. 그건 그렇고 공부 안 해? 시험이 코앞이잖아.

가 다음 주니까 하기는 해야지. 그런데 나 이 문법은 무슨 뜻인지 잘 모르겠어. 이날 결석했거든.

나 어휴, 어쩔 수 없지. 내가 이번만 도와준다.

왠지

실전 쓰기

비교·대조하기 둘 이상의 사물을 서로 같은 점과 다른 점을 통해 평가할 때

● 두 가지 대상을 비교·대조하여 설명할 때에는 다음과 같은 표현을 사용합니다.

> • N과/와 마찬가지로 / 비슷하게
> • N은/는 N과/와 A/V−(ㄴ/는)다는 점에서 같다 / 다르다
> • N에 비해(서)
> • 반면에

● 아래 보기 와 같이 연습해 보세요.

> 보기 **라면 / 짜장면**
>
> • **같은 점**: 면을 밀가루로 만든다.
> • **다른 점**: 라면은 국물이 있지만 짜장면은 국물이 없다.
>   라면은 맵지만 짜장면은 맵지 않다.
>
> 라면과 짜장면은 사람들이 좋아하는 면요리이다. 라면과 짜장면은 면을 밀가루로 **만든다는 점에서 같다. 반면에** 라면은 국물이 있지만 짜장면은 국물이 **없다는 점에서 다르다. 또** 라면은 **짜장면에 비해서** 맵지만 값이 싸다.

1 연필 / 볼펜

> • **같은 점**: 글씨를 쓸 때 사용한다.
> • **다른 점**: 연필은 지울 수 있지만 볼펜은 지울 수 없다.
>   연필은 한 가지 색깔이지만 볼펜은 여러 가지 색깔이 있다.

→ _____

_____

_____

_____

Hi! KOREAN

문법·어휘 학습서

3B

DARAKWON

목차

외국어 학습

7-1 유학을 왔으니까 열심히 공부해야지요

어휘와 표현

주제 어휘

뿌듯하다	to feel proud, to feel a sense of satisfaction	지치다	to be tired
상상하다	to imagine	헷갈리다	to be confused
이루다	to achieve, to accomplish, to realize		
계획	plan	실력	skill
꿈	dream	의욕	will, motivation
목표	goal		

기타 어휘

구체적	specific	서빙	serving
도대체	what on earth	어느새	before you know it, along the way
명사	noun	친척	relatives
모습	image, appearance	한글	Hangeul (Korean alphabet)
발견하다	to discover	호칭	name (for addressing or calling someone)

Used when talking about a reason that the listener already knows, or to confirm a situation about which you think the listener already knows.

- 문화 체험 때 놀이공원에 가면 좋겠어요. 제가 놀이공원을 **좋아하잖아요**.
- 오늘 오후에 같이 산책하기로 **했잖아요**. 미안하지만 내일 해도 될까요?

Compare!

Unlike A/V-잖아요, A/V-거든요 is used when talking about a reason or situation about which you think that the listener does not know.

- 가 이제 그만 집에 갈까요? 내일도 수업이 있잖아요.
  나 맞아요. 내일을 생각해서 이제부터라도 쉬는 게 좋겠네요.

- 가 이제 그만 집에 갈까요? 내일도 수업이 있거든요.
  나 네? 내일도 수업이 있어요? 몰랐어요.

2 V-아/어야지(요)

Used to gently talk about something the listener or another person must do or a state that must occur. Also used when expressing the speaker's determination or will regarding something they believe must be done in the future.

 • 가 장학금을 받고 싶어요.

  나 그래요? 그러면 열심히 **공부해야지요.**

• 가 전에 운동한다고 했잖아. 요즘도 계속 하고 있어?

  나 아니. 내일부터 다시 **시작해야지.**

> When expressing a negative, 못 cannot be used.
>
> • 살이 찌는 게 걱정이면 야식을 먹지 않아야지요. (○)
>   살이 찌는 게 걱정이면 야식을 먹지 말아야지요. (○)
>   살이 찌는 게 걱정이면 야식을 먹지 못해야지요. (×)

> **Careful!** As an expression used to give advice or remonstrate someone, it can be perceived as rude when used with someone of a higher social standing. When addressed to someone of a higher social standing, it can be used to express worry about the listener.
>
> • 가 회의 자료는 어디까지 정리됐어요?
>   나 네? 회의 자료는 이제부터 사장님이 정리하셔야지요.
> • 할아버지, 건강을 생각하셔서 운동도 좀 하셔야지요.

어휘와 표현

주제 어휘

관심을 가지다	to have interested in	지원을 하다	to apply
교육을 받다	to receive an education, to receive training	활동을 하다	to work, to act
수료를 하다	to complete (a course)		
과정	course	전문가	expert
기관	organization	지식	knowledge
분야	field		

기타 어휘

교환 학생	exchange student	수강생	enrolled students
글자	letters	야간	at night
단순히	simply	역할	role
도전하다	to challenge, to try	우연히	by chance
매	each, every	원래	originally
배경	background	정규	regular
번역	translation	콘텐츠	content

1 A/V-(으)ㄴ/는 줄 몰랐다

Used when the speaker didn't know about a certain fact or when that fact is counter to predictions or expectations.

Ex.
- 자느라고 비가 **오는 줄 몰랐어요**.
- 한국의 여름이 이렇게 **더운 줄 몰랐는데** 우리 고향보다 덥네요.
- 저는 올가 씨가 **결혼한 줄 몰랐어요**.
- 오늘이 쉬는 **날인 줄도 모르고** 아침 일찍 학교에 갔어요.
- 첸 씨가 한국어를 그렇게 **잘할 줄 몰랐어요**. 한국어를 배운 지 얼마 안 됐잖아요.

	Past	Present	Future / Prediction
Verb	V-ㄴ/은 줄 몰랐다	V-는 줄 몰랐다	V-(으)ㄹ 줄 몰랐다
Adjective	–	A-ㄴ/은 줄 몰랐다	A-(으)ㄹ 줄 몰랐다
Noun	N이었/였는 줄 몰랐다	N인 줄 몰랐다	N일 줄 몰랐다

Not used with words like 아주, 너무, 매우, etc.
- 한국의 여름이 아주 더운 줄 몰랐는데 우리 고향보다 덥네요. (×)

A/V-(으)ㄴ/는 줄 알았다 is used when someone was incorrectly known about a fact or when a prediction was incorrect.
- 밖에서 소리가 나서 비가 오는 줄 알았어요. (그런데 비가 안 와요.)
- 첸 씨가 한국어를 잘할 줄 알았어요. 한국어를 배운 지 오래됐잖아요. (그런데 잘 못해요.)

2 A/V–(으)면 A/V–(으)ㄹ수록

Used when expressing a change in a situation according to an action's repetition or an increase in its degree.

Ex.
- 이 집은 **살면 살수록** 마음에 들어요.
- 지하철역이 **가까우면 가까울수록** 월세가 비싸요.

1. As the result changes in proportion to the degree or situation in the preceding clause, it's usually used with expressions that indicate change, like A–아/어지다, V–게 되다, etc.

2. Also used in the form A/V–(으)ㄹ수록.

3. N일수록 emphasizes the meaning of the noun.
   - 중요한 일일수록 잘 생각해 보고 결정해야 돼요.

4. 갈수록 is used like an adverb with the meaning of as time goes on.
   - 지금이 7월이니까 갈수록 더워질 거예요.

어휘 늘리기

주제 어휘

기르다	to raise, to grow, to cultivate, to develop	키우다	to raise, to bring up
이루다	to achieve, to accomplish, to realize		
매	each, every	한	a, one
딴	different, other, another		

기타 어휘

고백	confession (one's feelings)	왠지	somehow, for some reason

C H A P T E R

08 소식과 정보

8-1 뉴스에서 그 소식이 나오던데요

어휘와 표현

주제 어휘

경제	economics	스포츠	sports
국제	international	연예	entertainment
문화	culture	정치	politics
사회	society		
사건이 발생하다	for an incident to occur	소문이 퍼지다	for a rumor to spread
사고가 나다	for an accident to occur	소식을 전하다	to deliver the news

기타 어휘

감독	movie director	안타깝다	to be regrettable, to be pitiful
감동	being moved, feeling touched	얻다	to receive
구하다	to rescue	연기	smoke
깨우다	to wake	옮기다	to move
두드리다	to knock, to tap	용기	bravery
무사하다	to be safe	우승	winner
불꽃 축제	fireworks festival	정상	summit, peak
불이 나다	for a fire to break out	청년	young person
세상을 떠나다	to pass away	충격	shock
선거	election	평화롭다	to be peaceful
수상	being awarded	피아니스트	pianist
시장	mayor	환율	exchange rate
신고하다	to report	희생하다	to sacrifice

1 A/V-던데(요)

Used when talking about something seen and heard or felt in the past.

 • 올가 씨가 한국 음식을 잘 **먹던데요.**

• 기말시험이 중간시험보다 훨씬 **어렵던데요.**

• 파티마 씨는 대학원생이 아니라 **회사원이던데요.**

> When the topic of discussion was seen or experienced in a completed state, A/V-았/었던데(요) is used. A/V-았/었던데(요) is also used with one-time verbs (ex. 결혼하다, 병에 걸리다, 도착하다, 졸업하다, etc.).
>
> • 옆 반은 수업이 벌써 끝났던데요.
> • 파티마 씨는 대학을 졸업했던데요.

 Cannot usually be used with a first-person subject. However, it can be used in the first person when the predicate is an adjective expressing an emotion, feeling, or psychological state.

• 저는 어제 영화를 보던데요. (×)

• 가 저는 집에 혼자 있어도 심심하지 않아요.
  나 그래요? 저는 혼자 있으면 심심하던데요. (○)

 A/V-던데(요) and A/V-더라고(요) from chapter 2-2 are both used when looking back on something in the past, but compared to A/V-더라고(요), which doesn't require an answer or response from the listener, A/V-던데(요) requires conversational interaction, and so it's natural when used to refute or react to the listener's opinions.

• 주말에 영화를 봤는데 재미있더라고요. 주인공도 멋있고요.

• 가 어제 본 영화 재미없었죠?
  나 아니요, 저는 재미있던데요.

② N 만에

Used when the time it takes to do something or the time between one action and the next is shorter or longer than ordinarily thought.

Ex. ・저는 **10분 만에** 샤워를 해요.

・졸업한 지 **5년 만에** 선생님을 만났어요.

> Can indicate the amount of time that has passed since an action was completed or the time for which an action continued, but because the meaning may not be clear, it's often used together with adverbs like 다, 또, 다시, etc.
> ・배가 고파서 1시간 만에 밥을 또 먹었다.
> ・이가 아파서 1시간 만에 밥을 다 먹었다.

Careful!
N 만에 cannot be followed by a negative statement.
・3개월 만에 못 만났어요. (×)

Compare!
N 동안 simply expresses the time for which an action continued, but N 만에 expresses the length or shortness of the time in which an action was completed or something was accomplished.

・남자 친구를 10년 동안 만났어요.   ・졸업한 지 10년 만에 선생님을 만났어요.

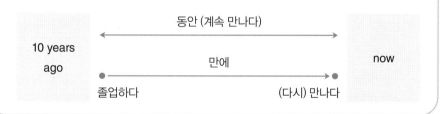

어휘와 표현

주제 어휘

거래	transaction	상품	goods, product
결제	payment	중고	used, secondhand
구매	purchase	판매	sale
구입하다	to buy	확인하다	to confirm
사기	scam, cheat	후기	review

기타 어휘

공유하다	to share	불가능	impossible
교류하다	to exchange	식다	to get cold
꽂다	to pulg in	아깝다	to be a waste
데우다	to heat up	약간	a little
동시에	at the same time	이웃	neighbor
뜯다	to open	인기를 끌다	to attract/draw popularity
마찬가지	the same	인증하다	to confirm
마침	just	입금	deposit
문고리	doorknob	찢다	to tear, to rip
묻다	to be stained with	참고하다	to refer to
물품	goods		

1 V-아/어 놓다/두다

Used when a state continues after an action is performed, or when preparing something in advance.

Ex.
- 공연이 곧 시작되니까 휴대폰을 **꺼 놓으세요**.
- 잃어버리지 않게 이름을 **써 두었어요**.
- 4급을 빨리 배우고 싶어서 책을 벌써 **사 놓았어요**.
- 비행기표가 없을까 봐 미리 **사 두었다**.

 Both V-아/어 놓다 and V-아/어 두다 can be used with the meaning that a state continues after an action, but because the meaning of preparation is stronger with V-아/어 두다, it isn't often used in negative circumstances.

- 친구의 강아지가 책을 다 찢어 놓았어요. (○)
  친구의 강아지가 책을 다 찢어 두었어요. (×)

 Careful! V-아/어 놓다/두다 can usually only be used with transitive verbs and cannot be used in cases where there are no substantive results of an action.

- 친구를 기다려 놓았어요. (×)

15

V-고 보니(까)

Used when something was unknown before performing an action, but afterwards became newly known or one's thoughts changed.

- 신발을 **신고 보니** 친구의 신발이더라고요.
- 오렌지 주스인 줄 알았는데 **마시고 보니** 망고 주스였어요.
- 내 생각만 맞다고 생각했는데 **듣고 보니까** 네 생각도 맞는 것 같아.

> 알고 보니(까) is often used as an idiomatic expression.
> - 알고 보니 친구가 나랑 고향이 같아서 깜짝 놀랐어.

 Both V-아/어 보니(까) and V-고 보니(까) are used when talking about a fact or feeling that was realized after performing an action, but V-고 보니(까) is usually used when talking about a fact or result that was unexpectedly different to what you thought before performing the action.

- 신발을 신어 보니까 사이즈가 저한테 딱 맞네요.
  신발을 신고 보니까 제 신발이 아니라 친구의 신발이었어요.

어휘 늘리기

주제 어휘

사건이 발생하다	for an incident to occur	사건이 일어나다	for an incident to happen
사건이 터지다	for an incident to erupt	사건을 해결하다	to solve a case, to crack a case
소식을 알게 되다	to find out news	소식이 끊기다	to lose touch with, to lose contact with
소식을 전하다	to deliver news	소식을 듣다	to hear news
소문이 나다	for rumor to circulate	소문을 내다	to circulate a rumor
소문이 퍼지다	for a rumor to spread	소문을 퍼뜨리다	to spread a rumor, to stir up a rumor
주문 접수	order received	배송 중	in delivery
결제 완료	payment completed	배송 완료	delivery completed
상품 준비	preparing item		
구매 내역	purchase history	주문 목록	list of orders
장바구니	shopping cart	배송 조회	track shipping
키워드 알림	alerts for keywords	찜	like (lit. "dibs")
상품평	product reviews	후기 작성	writing a review
별점	rating	핫딜	hot deal

일상의 문제

9-1 체했을 때는 음식을 먹지 못하게 하세요

어휘와 표현

주제 어휘

깁스를 하다	to wear a cast	삐다	to sprain
꿰메다	to stitch	소독하다	to disinfect
베이다	to get cut	찢어지다	to be torn, to be ripped
부러지다	to break	체하다	to have an upset stomach
붓다	to swell	토하다	to throw up
비상약	emergency medicine	증상	symptom
신고	report	호흡	breathing, respiration
응급처치	first aid		

기타 어휘

감다	to wrap	비정상적	abnormal
감싸다	to wrap, to bandage	삼키다	to swallow
거즈	gauze	쇼크	shock
구급차	ambulance	심폐 소생술	CPR
단단하다	to be firm	쓰러지다	(of a person) to collapse
닿다	to touch	양치질	brushing one's teeth
데다	to burn oneself, to scald oneself	연고	ointment

따르다	to pour	젖히다	to lean back
마사지	massage	죽	porridge
멈추다	to stop	참다	to hold back, to put up with
면봉	cotton swab	충치	cavity
바닥	ground, floor	침착하다	to be calm
베개	pillow	편식	picky eating
붕대	bandage	화상	burn
익다	to be cooked		

문법

1 V-이/히/리/기/우- (Causative verbs)

Used when the subject directly does something to a person, animal, thing, etc., or causes them to do something.

Ex.
- 강아지가 배탈이 나서 약을 **먹였어요**.
- 내일은 학교에 안 가니까 아침에 **깨우지** 마세요.
- 가 이제 먹어도 되겠지?
  나 아직 안 익은 것 같은데? 고기는 잘 **익혀** 먹어야 돼.

1. Sentence forms are as follows.

N1이/가 V	환자가 침대에 누웠어요.
N2이/가 N1을/를 V-이/히/리/기/우-	간호사가 환자를 침대에 눕혔어요.
N1이/가 N2을/를 V	내가 그 소식을 알아요.
N3이/가 N1에게 N2을/를 V-이/히/리/기/우-	친구가 나에게 그 소식을 알려 줬어요.
N1이/가 N2을/를 V	손님이 머리를 감았어요.
N3이/가 N1의 N2을/를 V-이/히/리/기/우-	미용사가 손님의 머리를 감겼어요.

2. As it has the meaning of causing someone to do something, it's often used with V-아/어 주다, and is mainly used in cases where the form is the same as the passive.
- 밖에서 음악 소리가 들려요.
- 어렸을 때 엄마가 저에게 이 노래를 자주 들려주셨어요.

V-게 하다

Used when ordering or giving permission to someone else to do a certain action.

Ex.
• 그 친구는 항상 나를 **웃게 해 주는** 사람이에요.

• 어떻게 하면 학생들이 수업을 잘 **듣게 할 수** 있을까요?

• 아버지가 유학을 **못 가게 하셔서** 너무 속상했어요.

• 늦은 밤에는 아이가 **뛰지 못하게 하세요.**

Careful!

Negative statements are used with the form 못 V-게 하다 or V-지 못하게 하다.

• 선생님께서 수업 시간에는 안 떠들게 하세요. (×)

Compare!

• V-이/히/리/기/우-

A situation is made or a result is received by the direct action of the subject.

• 엄마가 아이에게 옷을 입혔어요.

• V-게 하다

The subject has a person do an action themselves through instructions such as words.

• 엄마가 아이에게 옷을 입게 했어요.

어휘와 표현

주제 어휘

액정이 깨지다	for the screen to crack	충전이 안 되다	to be unable to charge
얼음이 녹다	for ice to melt	화면이 안 나오다	for the screen to not turn on
온도 조절이 안 되다	to be unable to regulate temperature		
꽂다	to plug in	뽑다	to unplug
켜다	to turn on	끄다	to turn off
틀다	to turn on	잠그다	to turn off

기타 어휘

가스	gas	설정	settings
구역	area	소용(이) 없다	to be no use
기업	business, company	소화제	digestive medication
냉방	air-conditioning	수도꼭지	faucet, tap
덮다	to cover	스스로	by oneself
뚜껑	cover, lid	스피커	speaker
망하다	to fail	온수	warm water
모바일	mobile	올바르다	to be correct
문서	document	저장하다	to save
발달	development	전용	being only for someone
보일러	boiler	플러그	plug
볼륨	volume	해결하다	to solve
빠져나가다	to escape, to get out	화재	fire
설명서	instructions	환기	ventilation

1 아무 N(이)나, 아무 N도

Used to express that there is no particularly important or desired outcome when choosing a person or thing. 아무 N(이)나 is used in positive situations and 아무 N도 is used in negative situations.

Ex.
- 이제 **아무 음식이나** 먹어도 돼요.
- 궁금한 것이 있으면 **아무 때나** 연락하세요.
- 아이가 **아무하고도** 이야기하지 않으려고 해요.
- 바빠서 아직 **아무것도** 못 먹었어요.
- 가 여기 앉아도 돼요?

  나 **아무 데나** 앉으면 안 돼요. 반드시 자기 자리에 앉으세요.

1. Used in the following forms.

	아무 N(이)나	아무 N도
Person	아무나, 아무에게나, 아무한테나, 아무하고나	아무도, 아무에게도, 아무한테도, 아무하고도
Item	아무 것이나, 아무거나	아무 것도
Place	아무 곳이나, 아무 곳에서나, 아무 데나, 아무 데서나	아무 곳도, 아무 곳에서도, 아무 데도, 아무 데서도
Time	아무 때나	

2. A negative expression can be used after 아무 N(이)나, but in these cases has the meaning of a partial negation.
   - 배탈이 나서 아무 음식이나 먹으면 안 돼요. (죽 같은 음식만 먹을 수 있어요.)
   - 이 물건은 아무 데서나 안 팔아요. (특별한 곳에서만 팔아요.)

V-았/었다(가) V

Used when, after completing a certain action, one does another action (that generally has the opposite sense).

Ex.
- 운동하러 **나갔다가** 비가 와서 금방 들어왔어요.
- 지하철을 **탔다가** 사람이 너무 많아서 바로 내렸어요.
- 구두를 **신었다가** 불편할 것 같아서 운동화로 갈아신었어요.
- 태풍이 온다고 해서 비행기표를 **예약했다가** 취소했어요.

Careful!

1. The preceding and subsequent clauses must have the same subject.
   - 내가 창문을 열었다가 추워서 친구가 닫았어요. (×)

2. The verbs in the preceding and subsequent clauses must have meanings that are opposite or related to one another.
   - 밥을 먹었다가 잤어요. (×)

3. Cannot be used in cases when a return to the original state is impossible.
   - 잤다가 잠이 안 와서 일어났어요. (×)
   - 일어났다가 다시 잠들었어요. (○)

어휘 늘리기

주제 어휘

기온이 떨어지다	for the temperature to fall	성적이 떨어지다	for one's grades to fall
꽃잎이 떨어지다	for petals to fall	단추가 떨어지다	for a button to come off
돈이 떨어지다	for money to run out of	배터리가 떨어지다	for a battery to run out
맛이 떨어지다	for taste or quality of food, to go down or decline	실력이 떨어지다	to be out of practice, for skills to decrease
빗방울이 떨어지다	for raindrops to fall	시험에 떨어지다	to fail a test
진료 과목	medical specialties		
내과	internal medicine	이비인후과	otolaryngology
산부인과	obstetrics and gynecology	정신건강의학과	psychiatry
성형외과	plastic surgery	정형외과	orthopedic surgery
안과	ophthalmology	치과	dentistry
외과	surgery	피부과	dermatology
비상약	emergency medicine		
두통약	headache medicine	연고	ointment
밴드	bandage	종합 감기약	general cold medicine
소독약	disinfectant	진통제	painkiller
소화제	digestive medication	파스	menthol pain patch
설사약	diarrhea medicine	해열제	fever reducer

기타 어휘

당장	immediately, right now	인형	doll
수리하다	to repair	천사	angel

CHAPTER

10 생활 습관

10-1 빈 씨가 예전에는 대충 먹더니 요즘에는 잘 챙겨 먹네요

10-2 혼자 사는 만큼 건강을 잘 챙겨야 할 텐데요

10-3 한 단계 오르기

10-1 빈 씨가 예전에는 대충 먹더니 요즘에는 잘 챙겨 먹네요

어휘와 표현

주제 어휘

단백질	protein	지방	fat
비타민	vitamin	탄수화물	carbohydrates
가려 먹다	to eat only what one wants	섭취하다	to ingest
과식하다	to overeat	식습관	eating habits
규칙적	regular	영양분	nutrient
대충	protein	제때	the right time
바람직하다	to be advisable, to be desirable	편식하다	to eat only what one wants

기타 어휘

(살을) 빼다	to lose (weight)	양	amount
가공하다	to process	유지하다	to maintain
군것질	snack	예방하다	to prevent
끼	counting word for meal	증가하다	to increase
냉동식품	frozen food	지중해	Mediterranean
소비	consumption	체중	weight
식 (스타일)	style	패스트푸드	fast food
식단	diet	폭식	overeating
씹다	to chew		

25

1 A/V-더니

Used when the speaker observed someone or something, or is talking about an experience with someone or something, to express that state of that person or thing has changed from the past.

Ex.
- 카린 씨가 한국 친구를 많이 **만나더니** 성격이 밝아졌어요.
- 작년에는 겨울에 눈이 많이 **내리더니** 올해는 별로 안 오네요.

1. Can also be used when talking about actions performed in succession by someone or something.
   - 빈이 교실에 오더니 가방을 놓고 다시 나갔다.
   - 카린이 전화를 받더니 울기 시작했다.

2. The subject of the preceding and subsequent clauses must be the same.
   - 첸 씨가 매일 듣기 복습을 하더니 발음이 좋아졌어요.
   첸 씨가 매일 듣기 복습을 하더니 카린 씨가 발음이 좋아졌어요. (×)

Compare!

Unlike A/V-더니, V-았/었더니 can be used with actions performed by the speaker.
- 첸이 열심히 공부하더니 장학금을 받게 됐다.
- 내가 열심히 공부했더니 장학금을 받게 됐다.

A/V−(으)ㄹ걸(요)

Used when expressing a fact that you don't know well or something you aren't sure about.
Usually spoken with a rising tone.

Ex. ·가 마크 씨는 지금 뭐 할까요?

나 글쎄요, 아마 도서관에서 **공부할걸요.**

·가 우체국이 열려 있겠죠?

나 6시니까 벌써 문을 **닫았을걸요.**

·가 내일은 날씨가 좋을까?

나 아마 **좋을걸.**

·가 카린 씨 동생이 고등학교를 졸업했지요?

나 아직 고등학생**일걸요.**

 Cannot be used with the speaker as the subject.

· 빈 씨는 수업 후에 도서관에 갈걸요. (○)

· 저는 수업 후에 도서관에 갈걸요. (×)

저는 수업 후에 도서관에 갈까 해요. / 갈 것 같아요. (○)

어휘와 표현

주제 어휘

무릎	knee	손목	wrist
발목	ankle	엉덩이	hip
상체 (= 윗몸)	upper body	허벅지	thigh
발을 모으다	to bring one's feet together	발을 벌리다	to spread one's feet
손을 내리다	to put one's hand down	손을 들어올리다	to raise one's hand
숨을 내쉬다	to breathe out	숨을 들이마시다	to breathe in
팔을 굽히다	to bend one's arm	팔을 펴다	to stretch out one's arm

기타 어휘

당기다	to pull	양쪽	both sides
동작	movement, motion	움직이다	to move
모양	shape	자세	pose, posture
무리하다	to overdo	잡다	to hold
반복하다	to repeat	쭉	straight out
사업	business	홈트	home workout
습하다	to be humid		

1 A-(으)ㄴ 만큼   V-는 만큼   N만큼

Used when indicating that what follows the grammar pattern is to a similar degree or amount as what precedes the grammar pattern. Additionally, the result that follows the grammar pattern depends on the amount or degree of what precedes it, and when this can be judged to be certain, the preceding content can be used as a reason or basis for the content that follows.

Ex.
- 가 요즘 좀 많이 먹었더니 살이 찐 것 같아요.

  나 저도요. 저는 **먹는 만큼** 살이 찌는 편이거든요.
- 용돈을 **아낀 만큼** 여행에 쓸 수 있는 돈이 많아졌다.
- 김 감독은 기대하고 있는 관객이 **많은 만큼** 좋은 영화를 만들기 위해 노력했다.
- 엄마**만큼** 내 생각을 해 주는 사람은 없다.

V-(으)ㄹ 만큼 is also used.
- 반찬은 드실 만큼만 가져가세요.
- 너무 많이 주문하지 마. 먹을 만큼만 시켜.

A/V-아/어야 할 텐데

Used with things that you hope will happen, but to express the meaning that you're worried because you don't know if they really can happen. Future events or things that are unconfirmed and uncertain usually come before the grammar point.

 • 준비한 선물이 엠마 씨 마음에 **들어야 할 텐데** 어떨지 모르겠네요.

• 시험을 볼 때 너무 **긴장하지 않아야 할 텐데** 걱정이에요.

• 첸 씨가 아프다면서요? 빨리 **나아야 할 텐데요.**

 Often used together with 걱정이다, 고민이다, 불안하다, 모르겠다, etc.

Compare!

1. A/V-아/어야 할 텐데 is used with things you hope for, and A/V-(으)ㄹ까 봐(서) is used with things you don't hope for.
   • 시험을 잘 봐야 할 텐데 걱정이에요.
   • 시험을 잘 못 볼까 봐 걱정이에요.

2. A/V-아/어야 할 텐데 and A/V-(으)ㄹ까 봐(서) can be used in a single sentence, but must be used like below.
   • 날씨가 좋아야 할 텐데 추울까 봐 걱정이에요.
   • 날씨가 추울까 봐 좋아야 할 텐데 걱정이에요. (×)

어휘 늘리기

주제 어휘

가방을 들다	to carry/hold a bag	마음에 들다	be satisfied with, be satisfactory to
나이가 들다	to get older, to age	생각이 들다	for an opinion or feeling to occur
단풍이 들다	for leaves to change color	손을 들다	to raise one's hand
돌려서 말하다	to circumlocute, to talk around the point	사탕을 돌리다	to give out candies
다리를 모으다	to gather one's legs	회원을 모으다	to gather members

기타 어휘

교통수단	means of transportation	사고를 치다	to cause trouble
맨날	every day	식후	after meals
분류하다	to sort	양식	western cuisine

CHAPTER

전통문화

11-1 한국의 예절을 잘 알던데 비결이 뭐예요?

어휘와 표현

주제 어휘

겸손하다	to be modest	어긋나다	to be contrary to, to fail (expectation)
권하다	to offer	예의	manners
남기다	to leave	예절	etiquette

기타 어휘

노약자	the elderly and the infirm	자리	seat, spot
마주보다	to face one another	자연스럽다	to be natural
뭐라고 하다	to say something, to complain, to scold	전달되다	to get across, to be communicated
비결	secret, know-how	좌석	seat
반성하다	to reflect	주머니	pocket
사양하다	(out of humbleness) to refuse, to turn down	집들이	housewarming
양보	concession, yielding	차이	difference
여쭤보다	to ask (polite)	칭찬	compliment
일부러	on purpose	혼(이) 나다	to be scolded
윗사람	someone of higher social standing		

1 A/V-던데

Used when asking a question or making a request or suggestion by recalling a fact you know through past experience.

- 강의 계획서를 보니까 다음 주에 시험이 **있던데** 같이 공부할래요?
- 이번 학교 축제에 유명한 가수가 **온다고 하던데** 누구인지 알아요?
- 접수 기간이 **오늘까지던데** 서두르세요.
- 요즘 백화점이 **세일 기간이던데** 같이 갈래요?

> When the thing in question was seen or experienced in a completed state, -았/었던데 is used.
>
> - 아까 보니까 A반 수업이 끝났던데 전화해 보세요.
> - 빈 씨가 문화 체험 사진은 잘 찍었던데, 왜 어제는 사진을 잘 못 찍었을까요?

Careful!

1. As the fact is something that the speaker learned by personally seeing or hearing it, the first-person subject cannot be used if the predicate is a motion verb.
   - 내가 사진을 잘 찍던데 본 적 있어요? (×)
   - 빈 씨가 사진을 잘 찍던데 본 적 있어요? (○)

2. On the other hand, when the predicate is an adjective expressing an emotion, feeling, or psychological state, the first-person subject is used.
   - 저는 그 영화가 재미있던데 파비우 씨는 어땠어요? (○)
   - 서준 씨는 그 영화가 재미있던데 파비우 씨는 어땠어요? (×)
   - 서준 씨는 그 영화를 재미있어하던데 파비우 씨는 어땠어요? (○)

Compare!

-았/었는데 and -던데 are both used when making requests or suggestions, or when asking questions, but they differ in that -았/었는데 is used when talking about a fact that has been completed now, whereas -던데 is used when recalling a fact that you came to know through past experience.

- 다 먹었는데 좀 더 주세요. (지금 다 먹었음.)
- 다 먹었던데 좀 더 주세요. (아까 다 먹은 것을 봤음.)

A/V-기는(요)

Used when replying to the other person by negating what they've said.

- 가 도와줘서 고마워요.
  나 **고맙기는요.** 당연히 도와야지요.

- 가 저 사람이 남자 친구야?
  나 **남자 친구기는.** 내 동생이야.

> 📋 Also used when humbly replying to a compliment or expression of thanks.
>
> - 가 도와줘서 정말 고마워요.   - 가 우왜! 한국어 정말 잘하네요.
>   나 고맙기는요. 별일 아닌데요.   나 잘하기는요. 아직 잘 못해요.

Careful!

1. Always used in the present tense.

   - 가 숙제 다 했어? / 오늘은 숙제가 없겠지?
     나 다 했기는. (×) / 숙제가 없겠기는. (×)

   - 가 오늘은 숙제가 없겠지?
     나 숙제가 없기는.

2. As a grammar point that's used when answering someone, it cannot be used in writing.

어휘와 표현

주제 어휘

미신	superstition	떡을 돌리다	to give rice cakes out
줄다	to decrease	송편을 빚다	to make Songpyeon (stuffed rice cakes)
쫓아내다	to chase out	맞추다	to adjust
풍습	custom	떡국을 끓이다	to make rice cake soup
차례를 지내다	to perform a memorial service for one's ancestors		

기타 어휘

가래떡	Garaetteok (bar shape rice cake)	변화	change
거절당하다	to be rejected, to get turned down	붉다	to be red
고생하다	to work hard	솜씨	skill
고집을 부리다	to be stubborn	시대	generation
나타내다	to represent	시루떡	Siru-tteok (circular shape rice cake with red beans)
당연하다	to be natural	식재료	ingredients
동료	co-worker	직장	workplace
떨다	to shake	팥	red bean
믿다	to believe	풍부하다	to be abundant
백설기	Baek-seolgi(steamed white rice cake)		

문법

① V-(으)려다(가)

Used when things didn't turn out according to your original plan, or when the plans you first made were changed.

> Ex.
> - 집에서 책을 **읽으려다가** 너무 더워서 카페에 갔어요.
> - 혼자 **살려다가** 월세를 아끼기 위해 친구와 함께 살기로 했어요.
> - 친구가 추천해 준 노래를 **들으려다가** 제목을 잊어버려서 못 들었어요.

> **Careful!**
> Because it's used to talk about the situation after plans have changed, the clause that follows is usually in the past tense. Accordingly, when plans have changed due to future circumstances, V-기로 했다 is used.
>
> - 식당에 가서 밥을 먹으려다가 배달을 시켰어요. (○)
>   식당에 가서 밥을 먹으려다가 배달을 시킬 거예요. (×)
>   식당에 가서 밥을 먹으려다가 배달을 시키기로 했어요. (○)

② V-는 바람에

Used when an unexpected or unwanted result occurs because of something unpredicted or unintended.

> Ex.
> - 버스가 갑자기 **멈추는 바람에** 넘어졌다.
> - 바람이 많이 **부는 바람에** 빨래가 떨어졌어요.
> - 날씨가 갑자기 **추워지는 바람에** 감기에 걸렸어요.

>
> Because it's used when an unexpected or unwanted result occurs, it's well-suited for making excuses in difficult situations.
>
> - 길이 막히는 바람에 어쩔 수 없었어요. 정말 미안해요.

1. Always used in the present tense.

    • 버스가 갑자기 멈춘 바람에 넘어졌다. (×)

2. Cannot be used with V-(으)세요 or V-(으)ㅂ시다.

    • 1등을 하던 친구가 이번 시험에서 결석하는 바람에 장학금을 받으세요. / 받읍시다. (×)

    • 늦잠을 자느라고 지각을 하세요. / 합시다. (×)

Similar to V-느라(고) in that it expresses reasons and results, but differs in the following ways.

	V-느라(고)	V-는 바람에
Reason	An action you took at the same time as the result occurred. However, cannot be used with incontinuous actions. • 교통사고가 나느라고 결석했어요. (×) • 늦게 일어나느라고 지각했어요. (×)	An unexpected reason that suddenly occurred • 교통사고가 나는 바람에 결석했어요. (○) • 늦게 일어나는 바람에 지각했어요. (○) • 열심히 공부하는 바람에 장학금을 받았어요. (×)
Result	Bad result • 늦잠을 자느라고 지각했어요. (○)	An unexpected or unwanted result • 늦잠을 자는 바람에 지각했어요. (○) • 1등을 하던 친구가 결석하는 바람에 내가 1등을 했어요. (○)
Subject	The subject of the preceding and subsequent clauses must be the same. • 룸메이트가 시끄럽게 게임을 하느라고 (내가) 잠을 못 잤다. (×)	The subjects of the preceding and subsequent clauses can be different. • 룸메이트가 시끄럽게 게임을 하는 바람에 (내가) 잠을 못 잤다. (○)

어휘 늘리기

기타 어휘

낭비하다	to waste	피해	harm, damage
절대로	never		

CHAPTER

12 적성과 진로

12-1 노력 없이 성공했을 리가 없어요

어휘와 표현

주제 어휘

도전	challenge	재능	talent
성공	success	최고	best
실패	failure		
꾸준하다	to be steady	타고나다	to be born with
뛰어나다	to be exceptional	평범하다	to be ordinary
발휘하다	to show or exhibit (one's abilities)		

기타 어휘

강조하다	to emphasize	연주하다	to perform
대표적	representative	이기다	to win
머리핀	hairpin	장사	strong person
먹방	mukbang (eating broadcast)	주장하다	to claim
무책임하다	to be irresponsible	천재	prodigy, genius
밝히다	to reveal, clarify	투자하다	to invest
법칙	rule, law	확률	probability
심리학자	psychologist	흔히	ordinarily
엄청나다	to be huge	희망	hope
엊그제	a few days ago	한때	once
연구	research		

1 V-(으)려던 참이다

Used when you are going to do a certain action now or when you had plans to. Additionally, can be used when right before you were going to do that action, the listener suggested doing the very same action.

Ex.
- 가 지금 뭐해?

  나 **숙제하려던 참이야.**
- 마침 점심을 **먹으려던 참인데** 같이 먹으러 갑시다.
- 안 그래도 지금 **출발하려던 참이에요.**
- 그렇지 않아도 그 일에 대해 **이야기하려던 참이었어.**

 Usually used together with expressions like 마침, 안 그래도, and 그렇지 않아도.

 Careful! As it expresses that you were already thinking about something before the conversation about it began, it mainly ends with the past tense, although it can end with the present tense as well. As there are some situations in which the present tense cannot be used, you must be careful.

- 가 점심에 뭐 먹을 거야?
  나 비빔밥을 먹으려던 참이었어. (○)
     비빔밥을 먹으려던 참이야. (○)

- 가 여보세요?
  나 너 나한테 전화한다고 해 놓고 왜 전화 안 했어?
  가 아, 미안. 지금 전화하려던 참이었어. (○)
     아, 미안. 지금 전화하려던 참이야. (×)

② A/V-(으)ㄹ 리(가) 없다

Mainly used when doubting or not believing what the other person says, with the meaning of it being impossible given the current situation. Conversely, it can also be used when agreeing with what the other person says.

- 가 토픽 시험을 보는데 문제가 좀 쉬웠으면 좋겠어요.

  나 중요한 시험인데 **쉬울 리가 없어요**.

- 아무리 비가 많이 와도 경기가 **취소될 리 없으니까** 걱정하지 마.

- 시작한 지 30분밖에 안 됐는데 벌써 **끝났을 리가 없어요**.

> Also used in the forms A/V-(으)ㄹ 리(가) 있어(요)? and A/V-(으)ㄹ 리(가) 있겠어(요)?.
>
> - 과학을 공부하는 사람이 미신을 믿을 리가 있겠어요?
> - 한국말을 저렇게 잘하는데 한국 사람이 아닐 리가 있어?

어휘와 표현

주제 어휘

과목	subject	자연계	natural science
보람	value, worth	적성	one's aptitude, one's nature
실망하다	to be disappointed	진지하다	to be serious
영향	effect, impact	진학	going to school, entering school
예체능계	(of an area of study) sport and art	취업	getting a job
인문계	the humanities		

기타 어휘

가능성	possibility	신곡	new song
무역	trade	이과	natural sciences
문과	liberal arts	이어지다	to continue, to last
보이스피싱	voice phishing	종류	kind, sort
사회생활	social life	흥미	interest

1 V-아/어 버리다

Used when something is completely done, with nothing left over. Depending on the speaker's feelings, can be used to express regret that something is done, or conversely, to express relief.

Ex.
- 생활비를 다 **써 버려서** 큰일이에요.
- 날씨가 너무 더워서 머리를 **잘라 버렸어요.**
- 친구가 화를 내서 나도 서운했던 것을 다 **말해 버렸다.**

Compare!

When expressing regret, can be switched with V-고 말았다. However, when expressing relief, it cannot be switched with V-고 말았다.

- 열심히 준비했지만 시험에서 떨어져 버렸다. (○)
  열심히 준비했지만 시험에서 떨어지고 말았다. (○)

- 그동안 하지 못했던 이야기를 해 버려서 기쁘다. (○)
  그동안 하지 못했던 이야기를 하고 말아서 기쁘다. (×)

Careful!

You can emphasize the meaning by using -아/어 버리다 and -고 말았다 together, which should be used as -아/어 버리고 말았다.

- 늦잠을 자 버리고 말았다. (○)
  늦잠을 자고 말아 버렸다. (×)

2 V-(으)나 마나

Used when assuming that the result will be the same whether you do or don't do an action. The result must be something you can assume with certainty. When assuming that even if you do a certain action, it will be of no use, V-(으)나 마나 is used, and when you can guess the result before trying an action, V-아/어 보나 마나 is used.

- 딱 보니까 **입어 보나 마나** 저한테 작을 것 같아요.
- **확인해 보나 마나** 우리 팀이 이겼을 테니까 걱정하지 마세요.
- 좋아하는 아이돌 그룹의 신곡은 **보나 마나** 좋을 거예요.

> 1. V-아/어 보나 마나 is often used, with the meaning of being able to guess a result before you try an action even once, and can also express the same meaning in the form 보나 마나.
>   - 요즘 인기 있는 아이돌의 신곡이니까 들어보나 마나 좋을 거예요.
>   요즘 인기 있는 아이돌의 신곡이니까 보나 마나 좋을 거예요.
>
>   - 파티마 씨는 항상 1등을 하니까 이번에도 보나 마나 1등을 할 거예요.
>
> 2. When saying that there's no need to do a certain action or that it will be of no use because the action will have no effect, it can be used in the forms V-(으)나 마나이다 and V-(으)나 마나 소용없다.
>   - 양이 적어서 먹으나 마나 소용없을 거예요.
>   - 저는 커피를 마셔도 졸리니까 커피를 마시나 마나예요.

1. Not used with negative words such as 실망하다, 잃어버리다, and 잊어버리다.
   - 그 사람에 대해 잊어버리나 마나 다시 안 만날 거예요. (×)

2. Cannot be used with negative expressions like 안 and 못.
   - 양이 너무 적어서 안 먹으나 마나 배가 고플 거예요. (×)

3. With V-아/어 보나 마나, something that can be confirmed by the action that precedes the grammar point must be written after the grammar point.
   - 백화점에 가 보나 마나 돈을 다 쓸 거예요. (×)
     백화점에 가 보나 마나 시장보다 비쌀 거예요. (○)

어휘 늘리기

주제 어휘

불–	im-, un-, dis- (negation)	비–	un-, non- (negation)
불가능	impossible	비과학적	non-scientific
불규칙	irregular	비전문가	amateur
불만족	unsatisfied	비현실	unrealistic
불필요	unnecessary	비회원	non-member
불확실	uncertain		
헛–	fake, nothing	맨–	bare, empty, unadorned
헛걸음	trip in vain	맨땅	bare ground
헛고생	vain effort	맨발	barefoot
헛소리	nonsense	맨밥	plain rice
헛소문	false rumor	맨손	bare hands, empty-handed
헛수고	vain attempt	맨얼굴	bare face

문법 설명 번역

Chapter 07 외국어 학습

7-1 유학을 왔으니까 열심히 공부해야지요

• **문법**

> **1 A/V-잖아(요)**
>
> 상대방이 알고 있는 이유를 말하거나 상대방이 알고 있을 거라고 생각하는 상황을 확인하며 말할 때 사용한다.
>
> > **비교** 'A/V-잖아요'와 달리 'A/V-거든요'는 상대방이 모를 것 같은 이유나 상황에 대해 말할 때 쓴다.
>
> **2 V-아/어야지(요)**
>
> 듣는 사람이나 다른 사람이 어떤 일을 해야 하거나 어떤 상태여야 한다고 부드럽게 말할 때 사용한다. 말하는 사람이 앞으로 하겠다고 생각한 일에 대해 자신의 결심이나 의지를 나타낼 때에도 사용할 수 있다.
>
> > **참고** 부정을 나타낼 때 '못'은 쓸 수 없다.
>
> > **주의** 조언하거나 타이를 때 쓰는 표현이므로 윗사람에게 쓰면 예의 없는 말처럼 들릴 수도 있다. 윗사람에게 하는 말이라도 상대방에 대한 걱정을 나타낼 때에는 쓸 수 있다.

7-2 저도 이런 생각을 하게 될 줄 몰랐어요

• **문법**

> **1 A/V-(으)ㄴ/는 줄 몰랐다**
>
> 말하는 사람이 어떤 사실에 대해 몰랐거나 그 사실이 예상이나 기대와는 다를 때 사용한다.
>
> | | 과거 | 현재 | 미래/예상 |
> |---|---|---|---|
> | 동사 | V-ㄴ/은 줄 몰랐다 | V-는 줄 몰랐다 | V-(으)ㄹ 줄 몰랐다 |
> | 형용사 | – | A-ㄴ/은 줄 몰랐다 | A-(으)ㄹ 줄 몰랐다 |
> | 명사 | N이었/였는 줄 몰랐다 | N인 줄 몰랐다 | N일 줄 몰랐다 |

주의 '아주, 너무, 매우'와는 같이 사용하지 않는다.

비교 'A/V-(으)ㄴ/는/(으)ㄹ 줄 알았다'는 어떤 사실에 대해 잘못 알고 있었거나 예상이 틀렸을 때 사용한다.

2 A/V-(으)면 A/V-(으)ㄹ수록

행동이 반복되거나 정도가 심해지면 그에 따라 상황이 변함을 나타낼 때 사용한다.

참고 1. 선행절의 상황이나 정도에 비례해서 결과도 변하므로 후행절에 'A-아/어지다', 'V-게 되다' 등 변화를 나타내는 표현을 주로 사용한다.
2. 'A/V-(으)ㄹ수록'의 형태로도 사용한다.
3. 'N일수록'에서는 명사의 의미가 강조됨을 나타낸다.
4. '갈수록'은 '시간이 지나면 지날수록'의 의미로 부사처럼 사용한다.

Chapter 08 소식과 정보

8-1 뉴스에서 그 소식이 나오던데요

• 문법

1 A/V-던데(요)

말하는 사람이 과거에 보고 듣거나 느낀 것을 회상해서 이야기할 때 사용한다.

참고 대상이 완료된 상태를 보거나 경험했을 때는 'A/V-았/었던데(요)'를 사용한다.
일회성 동사(예: 결혼하다, 병에 걸리다, 도착하다, 졸업하다 등)일 때에도
'A/V-았/었던데(요)'를 사용한다.

주의 보통 1인칭 주어와 결합할 수 없다. 그러나 서술어가 감정이나 기분, 심리 상태를 나타내는 형용사인 경우에는 1인칭 사용이 가능하다.

비교 2-2의 'A/V-더라고(요)'와 'A/V-던데(요)' 모두 과거 일을 회상하여 이야기할 때 사용하지만, 'A/V-더라고(요)'가 상대방의 대답이나 반응이 반드시 필요하지는 않은 것에 비해 'A/V-던데(요)'는 대화 상황에서 상호 작용이 필요하기 때문에 상대방의 의견에 반박하거나 반응하는 것이 자연스럽다.

N 만에

어떤 일을 할 때 걸리는 시간이나 어떤 행동과 그다음 행동 사이의 시간이 일반적인 생각보다 짧거나 길 때 사용한다.

참고 행동을 마친 이후 경과한 시간을 나타내거나 행동이 지속된 시간을 나타낼 수 있지만 의미가 명확하지 않을 수 있기 때문에 '다, 또, 다시' 등의 부사어를 같이 사용하는 경우가 많다.

주의 'N 만에' 뒤에는 부정문이 올 수 없다.

비교 'N 동안'은 단순히 어떤 행동을 지속한 시간을 나타내지만 'N 만에'는 행동의 완료나 어떤 일의 달성까지의 시간이 길거나 짧음을 나타낸다.

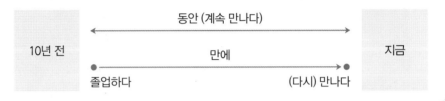

8-2 안 쓰는 물건을 팔려고 인터넷에 올려 놓았어요

• 문법

1 V-아/어 놓다/두다

어떤 행동을 한 후 그 상태가 계속되거나 어떤 일을 미리 준비할 때 사용한다.

참고 행위 후 상태 유지의 의미로는 'V-아/어 놓다'와 'V-아/어 두다' 모두 사용할 수 있지만, 'V-아/어 두다'는 준비의 의미가 더 강하기 때문에 부정적인 경우에는 잘 쓰지 않는다.

주의 'V-아/어 놓다/두다'는 보통 타동사만 결합이 가능한데 행위의 실질적인 결과가 없는 경우에는 사용할 수 없다.

2 V-고 보니(까)

어떤 행동을 하기 전에는 몰랐는데 그 행동을 한 후에 어떤 것을 새로 알게 되거나 이전에 생각했던 것과 다를 때 사용한다.

참고 '알고 보니(까)'는 관용 표현처럼 자주 사용한다.

비교 'V-아/어 보니(까)'와 'V-고 보니(까)' 모두 어떤 행동을 한 후에 알게 된 사실이나 느낌을 이야기할 때 사용하지만 'V-고 보니(까)'는 보통 행동을 하기 전에 생각했던 것과는 다른 뜻밖의 사실이나 결과를 이야기할 때 사용한다.

일상의 문제

9.1 사랑을 배는 음식을 먹지 못하게 하세요

• **문법**

① V-이/히/리/기/우- (사동)

주어가 사람, 동물, 사물 등에 어떤 행동을 직접 하거나 행동을 하게 만들 때 사용한다.

참고 1. 문장의 형태는 다음과 같다.

N1이/가 V	환자가 침대에 누웠어요.
N2이/가 N1을/를 V-이/히/리/기/우-	↓ ↓ 간호사가 환자를 침대에 눕혔어요.
N1이/가 N2을/를 V	내가 그 소식을 알아요.
N3이/가 N1에게 N2을/를 V-이/히/리/기/우-	↓ ↓ 친구가 나에게 그 소식을 알려 줬어요.
N1이/가 N2을/를 V	손님이 머리를 감았어요.
N3이/가 N1의 N2을/를 V-이/히/리/기/우-	↓ ↓ 미용사가 손님의 머리를 감겼어요.

2. 다른 사람에게 어떤 행동을 하게 만든다는 의미이므로 'V-아/어 주다'를 함께 사용하는 경우가 많은데, 특히 피동과 형태가 같은 경우에 주로 사용한다.

② V-게 하다

다른 사람에게 어떤 행동을 하도록 시키거나 허락할 때 사용한다.

주의 부정형은 '못 V-게 하다', 'V-지 못하게 하다'의 형태로 사용한다.

비교

V-이/히/리/기/우-	V-게 하다
주어의 직접 행동으로 상황을 만들거나 결과를 얻음. • 엄마가 아이에게 옷을 입혔어요.	주어가 말 등의 지시를 통해 그 사람이 직접 행동하도록 함. • 엄마가 아이에게 옷을 입게 했어요.

9-2 화면이 안 나오면 전원을 껐다가 다시 켜 보세요

·문법

 아무 N(이)나, 아무 N도

어떤 사람이나 물건을 선택할 때 특별히 원하는 것 없이 상관없음을 나타낼 때 사용한다.
'아무 N(이)나'는 긍정 상황에, '아무 N도'는 부정 상황에 쓴다.

참고 1. 다음과 같은 형태로 사용한다.

	아무 N(이)나	아무 N도
사람	아무나, 아무에게나, 아무한테나, 아무하고나	아무도, 아무에게도, 아무한테도, 아무하고도
사물	아무 것이나, 아무거나	아무 것도
장소	아무 곳이나, 아무 곳에서나 아무 데나, 아무 데서나	아무 곳도, 아무 곳에서도 아무 데도, 아무 데서도
시간	아무 때나	–

2. '아무 N(이)나' 뒤에 부정 표현을 쓸 수 있는데, 이때에는 부분 부정을 의미한다.

2 V-았/었다(가) V

어떤 행동을 완료한 후 다른 행동(대체로 반대 행동)을 할 때 사용한다.

주의 1. 선행절과 후행절의 주어는 같아야 한다.
　　　2. 선행절과 후행절의 동사는 의미가 반대이거나 관계가 있어야 한다.
　　　3. 원래의 상태로 돌아올 수 없는 경우에는 사용할 수 없다.

 Chapter **10** **생활 습관**

10-1 빈 씨가 예전에는 대충 먹더니 요즘에는 잘 챙겨 먹네요

·문법

1 A/V-더니

말하는 사람이 어떤 대상을 관찰하거나 어떤 대상과의 경험을 말하면서 그 대상이 과거와
달라진 상태를 나타낼 때 사용한다.

참고 1. 어떤 대상이 연이어 한 행동에 대해 말할 때도 사용할 수 있다.
2. 선행절과 후행절의 주어는 같아야 한다.

비교 'A/V-더니'와 달리 'V-았/었더니'는 말하는 사람이 한 행동과 함께 쓴다.

2 A/V-(으)ㄹ걸(요)

어떤 사실을 잘 모르거나 확신할 수 없는 일을 나타낼 때 사용한다. 보통 억양을 올리며 말한다.

참고 말하는 사람을 주어로 쓸 수 없다.

10-2 혼자 사는 만큼 건강을 잘 챙겨야 할 텐데요

• **문법**

1 A-(으)ㄴ 만큼   V-는 만큼   N만큼

후행절의 내용이 선행절과 비슷한 정도나 양이라는 것을 나타낼 때 사용한다. 또한 선행절의 양이나 정도에 따라 후행절의 결과가 달라지는데 이것이 확실하다고 판단될 경우 선행절의 내용을 후행절과 같이 말한 이유나 근거로 사용할 수 있다.

참고 'V-(으)ㄹ 만큼'도 사용된다.

2 A/V-아/어야 할 텐데

일어나기를 바라는 일과 함께 쓰는데 실제로 그렇게 될지 알 수 없어서 걱정이라는 뜻을 나타낸다. 문법 앞에는 보통 미래의 일이나 확인되지 않은 불확실한 일을 쓴다.

참고 '걱정이다', '고민이다', '불안하다', '모르겠다' 등과 함께 쓰는 경우가 많다.

비교 1. 'V-아/어야 할 텐데'는 바라는 일과 함께 쓰고 'A/V-(으)ㄹ까 봐(서)'는 바라지 않는 일과 함께 쓴다.
2. 'V-아/어야 할 텐데'와 'A/V-(으)ㄹ까 봐(서)'를 한 문장에 사용할 수 있다.

전통문화

11-1 한국의 예절을 잘 알던데 비결이 뭐예요?

· 문법

1 A/V-던데

과거의 경험으로 알고 있는 사실을 회상하며 질문하거나 권유·제안할 때 사용한다.

참고 대상이 완료된 상태를 보거나 경험했을 때는 '-았/었던데'를 사용한다.

주의 1. 말하는 사람이 직접 보거나 들어서 알게 된 사실이므로, 서술어가 동작 동사일 경우 1인칭 주어는 사용할 수 없다.
2. 반대로 서술어가 감정이나 기분, 심리 상태를 나타내는 형용사일 경우에는 1인칭 주어를 사용한다.

비교 '-았/었는데'와 '-던데'는 권유·제안, 질문할 때 사용한다는 점은 같지만, '-았/었는데'는 지금 완료된 사실을, '-던데'는 과거의 경험으로 알게 된 사실을 회상하며 말한다는 점에서 다르다.

2 A/V-기는(요)

상대방이 말한 내용에 대해 부정의 의미로 대답할 때 사용한다.

참고 상대방의 칭찬이나 고마움에 대한 표시에 겸손하게 대답할 때에도 쓴다.

주의 1. 항상 현재형으로 사용한다.
2. 대답할 때 사용하는 문법이므로 글을 쓸 때 사용할 수 없다.

11-2 고향에 가려다가 여행을 다녀왔어요

· 문법

1 V-(으)려다(가)

처음 세운 계획을 바꾸거나 계획한 대로 되지 않았을 때 사용한다.

주의 계획이 변경된 이후의 상황을 말하기 때문에 후행절에는 보통 과거형을 쓴다. 따라서 미래의 상황으로 계획이 변경된 경우에는 'V-기로 했다'를 사용한다.

예상하지 못한 일이나 의도하지 않은 일 때문에 예상하지 못했거나 원하지 않았던 결과가 나타날 때 사용한다.

참고 예상하지 못했거나 원하지 않은 결과가 나타날 때 사용하기 때문에 문제 상황에서 변명을 할 때 잘 어울린다.

주의 1. 항상 현재형으로 사용한다.
2. 'V-(으)세요'나 'V-(으)ㅂ시다'와 함께 쓸 수 없다.

비교 '이유-결과'를 나타낸다는 점에서 'V-느라(고)'와 비슷하지만 다음과 같은 점에서 다르다.

	V-느라(고)	V-는 바람에
이유	결과와 같은 시간에 한 나의 행동. 단, 지속되지 않는 행동과 함께 쓸 수 없음. • 교통사고가 나느라고 결석했어요. (×) • 늦게 일어나느라고 지각했어요. (×)	갑자기 생긴, 예상하지 못한 이유 • 교통사고가 나는 바람에 결석했어요. (○) • 늦게 일어나는 바람에 지각했어요. (○) • 열심히 공부하는 바람에 장학금을 받았어요. (×)
결과	나쁜 결과 • 늦잠을 자느라고 지각했어요. (○)	예상하지 못했거나 원하지 않은 결과 • 늦잠을 자는 바람에 지각했어요. (○) • 1등을 하던 친구가 결석하는 바람에 내가 1등을 했어요. (○)
주어	선행절과 후행절의 주어가 같아야 함. • 룸메이트가 시끄럽게 게임을 하느라고 (내가) 잠을 못 잤다. (×)	선행절과 후행절의 주어가 달라도 됨. • 룸메이트가 시끄럽게 게임을 하는 바람에 (내가) 잠을 못 잤다. (○)

적성과 진로

12-1 노력 없이 성공했을 리가 없어요

• 문법

1 V-(으)려던 참이다

지금 어떤 행동을 하려고 하거나 계획이 있었을 때 사용한다. 또는 그 행동을 하기 바로 전에
상대방이 같은 일을 하자고 했을 때도 사용한다.

참고 보통 '마침, 안 그래도, 그렇지 않아도'와 같은 표현과 함께 사용한다.

주의 어떤 일에 대한 대화가 이루어지기 전에 이미 그것에 대한 생각을 하고 있었음을
표현하므로 주로 과거형으로 끝나지만 현재형으로 끝나기도 한다. 현재형이 불가한
경우도 있으므로 주의해야 한다.

2 A/V-(으)ㄹ 리(가) 없다

현재의 상황으로 볼 때 불가능한 사실이라는 의미로 상대방의 말을 믿지 않거나 의심할 때
주로 사용하고 반대로 상대방의 말에 동의할 때도 사용할 수 있다.

참고 'A/V-(으)ㄹ 리(가) 있어(요)?, A/V-(으)ㄹ 리(가) 있겠어(요)?'의 형태로도 사용된다.

12-2 진로를 급하게 결정해 버리면 안 돼요

• 문법

1 V-아/어 버리다

어떤 일이 완전히 끝나서 남은 것이 없을 때 사용한다. 말하는 사람의 기분에 따라 일이 끝나
안타까운 마음을 표현할 수도 있고 반대로 후련한 마음을 표현할 수도 있다.

비교 안타까운 마음을 표현할 때에는 'V-고 말았다'와 바꿔 쓸 수 있다. 그러나 후련한 마음을
표현할 때에는 'V-고 말았다'와 바꿔 쓸 수 없다.

주의 '-아/어 버리다'와 '-고 말았다'를 함께 써서 의미를 강조할 수 있는데, 이때에는
'-아/어 버리고 말았다'로 써야 한다.

행동을 해도, 안 해도 결과가 같을 것이라고 추측할 때 사용한다. 이때 결과는 확실하게 추측할 수 있는 것이어야 한다. 어떤 행동을 해도 소용이 없을 것이라고 추측할 때에는 'V-(으)나 마나'를 사용하고, 행동을 해 보기 전에 결과를 추측할 수 있을 때에는 'V-아/어 보나 마나'를 사용한다

참고 1. 한번 시도해 보기 전에도 결과를 추측할 수 있다는 의미로 'V-아/어 보나 마나'를 자주 사용하며, '보나 마나'라는 형태로 같은 뜻을 표현할 수 있다.
2. 행동을 해도 효과가 없어서 어떤 행동을 할 필요가 없거나 소용없다고 말할 때에는 'V-(으)나 마나이다, V-(으)나 마나 소용없다' 등의 형태로 사용할 수 있다.

주의 1. '실망하다, 잃어버리다, 잊어버리다'와 같은 부정적인 단어와는 함께 사용하지 않는다.
2. '안/못'과 같은 부정 표현과 함께 쓸 수 없다.
3. 'V-아/어 보나 마나'는 앞의 행위로 확인할 수 있는 내용을 뒤에 써야 한다.

MEMO

② 택시 / 버스

> • **같은 점**: 여러 사람이 함께 이용한다.
>   돈을 낸다.
>
> • **다른 점**: 택시에 비해서 버스가 싸다.
>   택시는 원하는 곳으로 부를 수 있고 내리는 곳을 마음대로 정할 수 있다.
>   버스는 원하는 곳으로 부를 수 없고 내리는 곳도 마음대로 정할 수 없다.

➡ _____

_____

_____

_____

● 한국어와 여러분 나라의 말은 무엇이 같고 무엇이 다릅니까? 한국어와 여러분 나라의 말을
비교·대조해서 써 보세요.

	같은 점	다른 점
한국어	• •	• • •
우리 나라 말	• •	• • •

➡ _____

_____

_____

_____

_____

_____

CHAPTER

08 소식과 정보

8 -1 뉴스에서 그 소식이 나오던데요

- 여러분은 어떤 뉴스에 관심이 있습니까?
- 최근에 본 뉴스 중에서 기억나는 것이 있으면 이야기해 봅시다.

문법 1

A/V-던데(요)

어제 카린 씨랑
노래방에 갔다면서요?

네, 카린 씨가 노래를
아주 잘 **부르던데요.**

말하는 사람이 과거에 보고 듣거나 느낀 것을 이야기할 때 사용한다.

> 카린 씨가 노래를 아주 잘 **부르던데요.**
>
> ↓
>
> **다른 사람의 행동을 본 후에 그것에 대해 이야기함.**

- 올가 씨가 한국 음식을 잘 **먹던데요.**
- 기말시험이 중간시험보다 훨씬 **어렵던데요.**
- 옆 반은 수업이 벌써 **끝났던데요.**
- 파티마 씨는 대학원생이 아니라 **회사원이던데요.**
- 빈이 방학에 고향에 **간다고 하던데.**

연습

● 문장을 만들어 보세요.

(1) 빈 씨 / 사진을 잘 찍다

→ _____

(2) 요즘 인기 있는 드라마 / 재미있다

→ _____

(3) 첸 씨의 시험 점수 / 80점

→ _____

(4) 그 가수의 새 앨범 / 나왔다

→ _____

1 보기 와 같이 이야기해 보세요.

보기 | 어제 숙제가 어려웠다 | 별로 어렵지 않다

어제 숙제가 어려웠다면서요?

아니요, 별로 어렵지 않던데요.

(1) 요즘 ○○ 씨 나라의 날씨가 따뜻하다   제 친구가 춥다고 하다

(2) 수료식이 목요일이다   금요일이다

(3) 엠마 씨가 매운 음식을 못 먹는다   (   )

(4) (   )   두 사람이 그냥 친구라고 하다

2 그림을 보고 보기 와 같이 이야기해 보세요.

보기

서준 씨, 카린 씨는 뭐 하고 있었어요?

카린 씨요? 카린 씨는 노래를 부르던데요.

문법 2

N 만에

집까지 얼마나 걸려요?

자전거를 타면 5분 만에 갈 수 있어요.

> 어떤 일을 할 때 걸리는 시간이나 어떤 행동과 그다음 행동 사이의 시간이 일반적인 생각보다 짧거나 길 때 사용한다.

자전거를 타면 **5분 만에** 갈 수 있어요.

↓

걸리는 시간

- 저는 **10분 만에** 샤워를 해요.
- 졸업한 지 **5년 만에** 선생님을 만났어요.
- 배가 고파서 **1시간 만에** 밥을 또 먹었다.
- 이가 아파서 **1시간 만에** 밥을 다 먹었다.
- 가 이게 **얼마 만이야**? 잘 지냈어?
  나 정말 오랜만이야. 한 **3년 만인가**?

연습

● 문장을 만들어 보세요.

(1) 도서관에서 책을 빌리다 / 하루 / 다 읽다

→ _____

(2) 등산을 시작하다 / 4시간 / 정상에 도착하다

→ _____

(3) 토픽 시험을 준비하다 / 1년 / 3급에 합격하다

→ _____

정상

활동

1 보기 와 같이 이야기해 보세요.

보기 선생님이 결혼하다   남자 친구와 사귀다, 10년

선생님이 결혼하신다고 하던데.

응, 남자 친구와 사귄 지 10년 만에 결혼하신대.

(1) 두 사람이 다시 사귀다   헤어지다, 일주일

(2) 빈 씨가 휴대폰을 잃어버렸다   새로 사다, 하루

(3) 엠마 씨가 운전면허를 땄다   운전 학원에 다니다, (   )

(4) (   )   다이어트를 시작하다, 한 달

2 다음 신문 기사를 보고 보기 와 같이 이야기해 보세요.

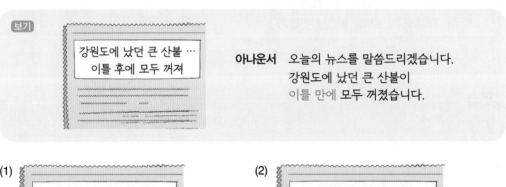

보기

강원도에 났던 큰 산불 ⋯
이틀 후에 모두 꺼져

아나운서 오늘의 뉴스를 말씀드리겠습니다.
강원도에 났던 큰 산불이
이틀 만에 모두 꺼졌습니다.

(1)

인기 가수 A 씨 콘서트 열려 ⋯
지난번 콘서트는 2년 전

(2)

한강 불꽃 축제 다시 시작 ⋯
3년 전 이후 처음

(3)

피아니스트 J 씨 공연
예매 시작 1분 후 매진돼

(4)

어릴 때 부모와 헤어진 B 씨
30년 후 다시 만나 ⋯

불꽃 축제 | 피아니스트

대화

● 대화를 듣고 따라 읽어 보세요.

Track 06

빈　　　파티마 씨, 숙제 다 했어요?

파티마　네, 30분 만에 다 했어요.

빈　　　네? 30분 만에 다 했다고요? 전 두 시간이나 걸렸는데. 어렵지 않았어요?

파티마　저는 별로 어렵지 않던데요. 매일 수업이 끝나자마자 숙제를 하면서
　　　　복습하다 보니까 점점 숙제하는 시간이 빨라지더라고요.

빈　　　그렇군요. 그런데 카린 씨는 어디 갔어요?

파티마　아까 숙제를 다 못했다고 하면서 도서관에 가던데요.

빈　　　그래요? 카린 씨도 요즘 열심히 공부하나 봐요.

파티마　토픽 시험이 얼마 안 남았잖아요. 열심히 준비해야지요.

빈　　　맞아요. 저는 요즘 영상 만드느라고 공부를 열심히 안 해서 이번 토픽
　　　　시험을 잘 볼 수 있을지 모르겠어요.

파티마　아직 늦지 않았어요. 지금부터라도 열심히 하면 돼요!

어휘와 표현

1 다음 신문 기사의 제목을 보고 무엇에 대한 신문 기사인지 빈칸에 알맞은 말을 쓰세요.

> 정치   경제   사회   문화   국제   연예   스포츠

(1) "다음 달 서울 시장 선거, 누가 될 것인가?"　　　　　　　　(　　　　　)

(2) "아이돌 가수 A 씨 결혼 발표!"　　　　　　　　　　　　　　(　　　　　)

(3) "50년 만의 폭설, 출근길 걱정"　　　　　　　　　　　　　　(　　　　　)

(4) "한국 축구 대표팀, 우승!"　　　　　　　　　　　　　　　　(　　　　　)

(5) "세계 곳곳에서 크고 작은 전쟁, 평화로운 일상생활은 언제쯤?" (　　　　　)

(6) "원-달러 환율 크게 올라"　　　　　　　　　　　　　　　　(　　　　　)

(7) "영화감독 B 씨, 유명 영화제 감독상 수상"　　　　　　　　(　　　　　)

2 다음 단어와 의미가 맞는 것을 연결하세요.

(1) 사건이 발생하다　•　　　　　• ㉮ 좋지 않은 일이 예상하지 못하게 일어나다

(2) 사고가 나다　•　　　　　• ㉯ 사람들의 관심을 끌 만한 일이 생기다

(3) 소식을 전하다　•　　　　　• ㉰ 사람들 사이에 어떤 이야기가 널리 알려지다

(4) 소문이 퍼지다　•　　　　　• ㉱ 멀리 떨어져 있거나 자주 만나지 않는 사람의
　　　　　　　　　　　　　　　　　　사정이나 상황을 알리다

오늘의 표현

V-기(를) 바라다　　　미래에 어떤 일이나 상태가 그렇게 되었으면 좋겠다고 생각하거나 희망할 때,
V-아/어 주시기(를) 바랍니다　안내 방송이나 공지문에서 요청할 때

- 빨리 그 사건이 **해결되기를 바랄게요.**
- 관람객 여러분께서는 사고가 나지 않도록 안전에 **주의해 주시기 바랍니다.**

시장 | 선거 | 우승 | 평화롭다 | 환율 | 감독 | 수상

듣고 말하기 1

● 여러분은 그동안 듣거나 본 뉴스 중에 기억에 남는 뉴스가 있습니까? 어떤 뉴스입니까?

1 다음을 잘 듣고 대답해 보세요.

Track 07

(1) 뉴스의 내용을 빈칸에 정리해 봅시다.

언제	어디에서	무슨 일이 일어났는데	누가	어떻게 했나?
오늘 새벽				

(2) 청년은 왜 불이 난 건물로 다시 들어갔습니까?

(3) 이런 뉴스를 보거나 들으면 어떤 생각이 듭니까?

불이 나다 | 청년 | 용기 | 신고하다 | 깨우다 | 무사하다 | 연기 | 두드리다 | 구하다 | 옮기다 | 안타깝다

듣고 말하기 2

Track 08

1 다음을 잘 듣고 질문에 답하세요.

(1) 민아가 보고 있던 뉴스의 주인공은 어떤 일을 했습니까?

(2) 빈이 뉴스를 잘 보지 않는 이유는 무엇입니까?

(3) 민아는 왜 뉴스를 봐야 한다고 생각합니까?

2 여러분의 생각을 이야기해 보세요.

(1) 여러분이 뉴스에 나온 청년이라면 어떻게 행동했을 것 같습니까?
어떻게 행동하는 것이 좋다고 생각합니까?

(2) 여러분은 자신을 희생해서 다른 사람을 구한 사람에 대해 들어 본 적이 있습니까?
이야기해 보세요.

(3) 여러분은 뉴스를 볼 필요가 있다고 생각합니까? 아니면 없다고 생각합니까?
왜 그렇게 생각합니까? 빈칸에 메모한 후 친구와 함께 이야기해 봅시다.

	나의 생각은? 그 이유는?	친구의 생각은? 그 이유는?
뉴스를 볼 필요가 있다		
뉴스를 볼 필요가 없다		

세상을 떠나다 | 희생하다 | 얻다

● 인터넷에서 뉴스를 찾아보고 메모한 후 기자가 되어 보기와 같이 친구들에게 이야기해 봅시다.

보기 **주제**: 내가 이야기하고 싶은 (충격, 감동, 재미있는, 무서운, 슬픈,(신나는)···) 뉴스

언제	지난 주말
어디에서	홍대 근처에서
무슨 일이 있었는데	아이돌 그룹 멤버 C 씨의 생일 파티가 있었는데
누가	팬들이
어떻게 했나?	카페를 빌려서 함께 축하했다

기자: 지난 주말 홍대 근처에서 아이돌 그룹 멤버 C 씨의 생일 파티가 있었는데요,
팬들이 카페를 빌려서 함께 축하했습니다. C 씨를 좋아하는 팬들이 함께 모여
생일 축하 노래도 부르고 케이크도 나눠 먹으며 즐거운 시간을 보냈다고 합니다.

주제: 내가 이야기하고 싶은 (충격, 감동, 재미있는, 무서운, 슬픈, 신나는 ···) 뉴스

언제	
어디에서	
무슨 일이 있었는데	
누가	
어떻게 했나?	

기자:

충격 | 감동

8-2 안 쓰는 물건을 팔려고 인터넷에 올려 놓았어요

- 집에 사용하지 않아서 팔고 싶은 물건이 있습니까?
  또는 필요한 물건이 있습니까?
- 쓰던 물건을 팔거나 사 본 경험이 있으면 짧게 이야기해 봅시다.

문법 1

V-아/어 놓다/두다

창문이 열려 있네요?

더워서 창문을 열어 놓았어요.

어떤 행동을 한 후 그 상태가 계속되거나 어떤 일을 미리 준비할 때 사용한다.

더워서 창문을 **열어 놓았어요.**

↓

행동을 한 후의 상태가 그대로 계속됨.

· 공연이 곧 시작되니까 휴대폰을 **꺼 놓으세요.**

· 잃어버리지 않게 이름을 **써 두었어요.**

· 4급을 빨리 배우고 싶어서 책을 벌써 **사 놓았어요.**

· 비행기표가 없을까 봐 미리 **사 두었다.**

· 가 무슨 일 있어요?

  나 친구의 강아지가 책을 다 **찢어 놨더라고요.**

'-아/어 두다'는 부정적인 상황에서 잘 사용하지 않는다.

연습

● 문장을 만들어 보세요.

(1) 방이 어둡다 / 불을 켜다

→ _____

(2) 여권을 만들다 / 사진을 찍다

→ _____

(3) 여행을 가다 / 호텔을 예약하다

→ _____

찢다

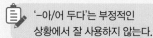

1 보기 와 같이 이야기해 보세요.

보기 음식이 따뜻하다   음식이 식다, 데우다

음식이 따뜻하던데요?   음식이 식었을까 봐 데워 놓았어요.

(1) 문 앞에 가방이 있다   아침에 시간이 없다, 가방을 싸다

(2) 외국어로 인사를 잘하다   실수하다, 인사말을 미리 연습하다

(3) 고장 났던 에어컨이 잘 나오다   곧 여름이라 덥다, (   )

(4) (   )   김밥이 상하다, 냉장고에 넣다

2 여행 준비를 하고 있습니다. 다음을 보고 보기 와 같이 이야기해 보세요.

보기 여권은 챙겼어요?   네, 가방 안에 챙겨 놓았어요.

아니요, 이제 챙겨야 돼요.

여권 ☑
여행 비자 ☑
비행기표 ☑
호텔 ☑
돈 ☐
충전기 ☐
수영복 ☐
맛집 ☐
…

식다 | 데우다

58

문법 2

V-고 보니(까)

왜 책을 바꾸러 가요?

책을 사고 보니
4급 책이더라고요.

어떤 행동을 하기 전에는 몰랐는데 그 행동을 한 후에 어떤 것을 새로 알게 될 때, 또는 알게 된 것이 이전에 생각했던 것과 다를 때 사용한다.

책을 사고 보니	(3급 책이 아니라) 4급 책이더라고요.
↓	↓
행동을 한 후에	생각했던 것(3급 책)과 다른 것(4급 책)을 알게 됨.

- 신발을 **신고 보니** 친구의 신발이더라고요.
- 오렌지 주스인 줄 알았는데 **마시고 보니** 망고 주스였어요.
- **알고 보니** 친구가 나랑 고향이 같아서 깜짝 놀랐어.
- **가** 왜 전화를 받자마자 끊어?
  나 **받고 보니** 광고 전화더라고.

연습

● 문장을 만들어 보세요.

(1) 옷을 입다 / 뭐가 묻어 있었다

→ _____

(2) 책을 빌리다 / 지난번에 읽었던 책이었다

→ _____

(3) 택배를 뜯다 / 옆집 택배였다

→ _____

묻다 | 뜯다

1 보기 와 같이 이야기해 보세요.

보기 약속 날짜를 바꾸다   약속을 하다, 그날 다른 약속이 있다

왜 약속 날짜를 바꿨어요?

약속을 하고 보니
그날 다른 약속이 있더라고요.

(1) 선물을 돌려주다   선물을 받다, 너무 비싼 선물이다

(2) 집에 다시 오다   출발하다, 휴대폰을 안 가지고 갔다

(3) 당황하다   인사를 하다, (   )

(4) (   )   우유를 마시다, 상했다

2 보기 와 같이 이야기해 보세요.

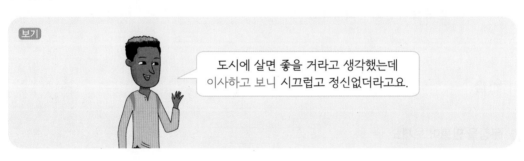

보기

도시에 살면 좋을 거라고 생각했는데
이사하고 보니 시끄럽고 정신없더라고요.

처음에 생각한 것	내가 한 행동	그 후에 알게 된 것
도시에 살면 좋다	이사하다	시끄럽고 정신없다
신촌 가는 지하철이다	타다	반대로 가는 지하철이다
처음 만나는 사람이다	알다	만난 적이 있다
단발머리가 어울리다	머리를 자르다	
한국어가 쉽다		

60

대화

● 대화를 듣고 따라 읽어 보세요.

파티마 첸 씨, 문 밖에 소파가 있던데요. 왜 소파가 밖에 나와 있어요?

첸 아, 얼마 전에 1인용 소파를 인터넷으로 샀는데요, 사진으로 볼 때는 예쁘고
좋아 보였는데 집에 놓고 보니까 크기도 너무 크고 방에 어울리지 않더라고요.

파티마 어머, 그래서 버리려고요?

첸 아니요, 중고 마켓에 사진을 찍어서 올려 놓았더니 사고 싶다는 사람이
있어서 팔기로 했어요.

파티마 아, 아쉽네요. 저도 마침 저런 1인용 소파를 살까 생각하고 있었는데….

첸 아이고, 그런 줄 몰랐어요. 파티마 씨한테 먼저 얘기라도 해 볼걸 그랬네요.
파티마 씨도 중고 마켓을 한번 찾아보는 게 어때요? 아마 비슷한 소파가
있을 거예요.

파티마 알겠어요. 한번 찾아볼게요.

중고 | 마침

어휘와 표현

1 다음 단어에 대해 알아보고 빈칸에 알맞은 말을 쓰세요.

상품	판매	구매	거래	결제

(1) [　　　]

(2) [　　　]

(3) [　　　]

(4) [　　　]

(5) [　　　]

2 다음 단어와 의미가 맞는 것을 연결하세요.

(1) 중고 •
중고 컴퓨터

(2) 후기 •
사용 후기

(3) 사기 •
사기를 치다/당하다

(4) 확인하다 •
물건을 확인하다

(5) 구입하다 •
책을 구입하다

• ㉮ 남을 속여서 자신이 이익을 얻음

• ㉯ 이미 사용했거나 오래된 물건

• ㉰ 어떤 일이 끝난 후에 그것에 대해 쓴 것

• ㉱ 물건을 사다

• ㉲ 맞는지 다시 한번 알아보다

오늘의 표현

N에다(가) 위치를 나타내는 조사 '에'에 '다(가)'를 붙여 강조의 뜻을 나타냄

• 결제하시려면 **여기에다가** 카드를 꽂아 주세요.

• 사기일까 봐 **사무실에다** 전화해서 확인해 봤어요.

'N에다(가)'의 뒤에는 주로 '놓다/두다, 넣다, 주차하다, 쓰다, 꽂다, 걸다, 보내다, 전화하다' 등의 동사가 온다.

꽂다

읽고 말하기 1

● 중고 물건을 팔거나 사는 것을 어떻게 생각합니까? 무엇을 주의해야 할까요?

1 다음을 읽고 대답해 보세요.

'1인용 소파' 판매합니다!

인터넷으로 일주일 전에 구입했습니다. 사진으로 볼 때는 마음에 들었는데 구입하고 보니 방에 어울리지 않아서 판매합니다. 구입한 지 일주일밖에 안 돼서 새 상품과 마찬가지입니다. 사진 확인해 보시면 아시겠지만 상태가 아주 좋습니다. 크기가 커서 택배는 불가능하고 직접 오셔서 가지고 가셔야 합니다. 거래 가능 시간은 평일 저녁 6시 이후인데, 혹시 ㉠ 문고리 거래를 원하시는 분은 입금 후 연락 주세요. 문 앞에다가 놓아 둘 테니까 편하신 시간에 가져가시면 됩니다. 그리고 교환이나 환불은 불가능하니 참고하시기 바랍니다.

---

(1) 이 사람은 이 물건을 왜 판매합니까?

(2) ㉠의 '문고리 거래'는 무엇입니까?

(3) 유학 생활 동안 어떤 물건이 필요했습니까? 어떤 물건을 중고로 사면 좋을지 이야기해 봅시다.

마찬가지 | 불가능 | 문고리 | 입금 | 참고하다

읽고 말하기 2

● 다음은 '오이 마켓'에 대한 신문 기사입니다.

> ## "오이 마켓을 아시나요?" … 중고 거래 앱 1위 '오이 마켓' 인기
>
> # 서울 마포구에 살고 있는 유학생 A 씨는 졸업과 동시에 취직을 하게 되어 회사 근처로 이사하느라 짐을 정리하게 되었다. 유학 생활 동안 쌓인 물건들을 그냥 버리려니까 아까워 싼 가격으로 오이 마켓에 올렸더니 집 근처에 사는 다른 유학생들에게 금방 연락이 왔다. A 씨는 다른 유학생 친구들도 사귀게 되었고, 약간의 돈도 벌었다.
>
> '오이 마켓'은 같은 동네에 살고 있는 이웃과의 중고 거래를 도와주는 서비스이다. 서비스에 가입한 후에 살고 있는 동네를 인증하기만 하면 집 근처 이웃들이 팔려고 올려 놓은 다양한 중고 물품들을 쉽게 만날 수 있다. 그런데 인터넷을 이용한 중고 거래는 예전부터 있었고 더 큰 곳도 많은데 '오이 마켓'이 이렇게 인기를 끌고 있는 이유는 무엇일까?
>
> 먼저 '오이 마켓'은 동네를 인증해야 물건을 거래할 수 있기 때문에 근처에 사는 이웃과 직접 만나 물건을 확인한 후에 거래를 한다. 그래서 사기를 당할 위험이 적은 편이다. 다른 온라인 중고 거래는 보통 택배를 이용하기 때문에 판매자가 돈을 받고 물건을 보내지 않거나 원하지 않아도 이름, 주소, 연락처 등 구매자의 개인 정보를 알려 줘야 했는데 '오이 마켓'은 직접 만나서 거래하기 때문에 물건의 상태를 확인할 수 있고, 개인 정보를 알려 주지 않아도 된다.
>
> 뿐만 아니라 '오이 마켓'에서는 단순히 중고 물건을 거래하는 것뿐 아니라 가까운 동네 이웃들과 정보도 공유하고 교류할 수 있다. 잃어버린 반려견을 찾는다는 글이나 동네 맛집을 소개하는 글 등 동네에서 일어나는 크고 작은 일을 공유하면서 자신이 살고 있는 동네에 관심을 가질 수 있다.

1 질문에 답하세요.

(1) '오이 마켓'은 어떤 서비스입니까?

(2) '오이 마켓'이 인기를 끌고 있는 이유를 세 가지로 정리해 보세요.

- ·
- ·
- ·

(3) '오이 마켓'의 또 다른 장점은 무엇입니까?

2 여러분의 생각을 이야기해 보세요.

(1) 위 글에 나오는 '오이 마켓'과 비슷한 서비스를 이용해 본 적이 있습니까?
무엇이 편리하고 무엇이 불편했습니까? 이야기해 봅시다.

(2) 조사 결과에 따르면 '오이 마켓'에서 사람들이 가장 많이 검색한 물품은 '자전거'라고
합니다. 여러분은 어떤 물품을 검색하고 싶습니까? 이유는 무엇입니까?

(3) 교실에서 반 친구들과 '오이 마켓'을 열어 봅시다.

<방법> • 지금 가지고 있거나 집에 있는 물건 중에서 오이 마켓에 올리고 싶은 물건을 정한
후 그 물건에 대한 설명과 팔고 싶은 가격, 조건 등을 간단히 씁니다.

• 물건에 대해 쓴 종이를 모두 모은 후 그중에서 사고 싶은 물건을 하나 고르고 판매
자와 이야기해 보세요. (물건 및 가격에 대한 질문 등)

• 구매를 원하는 사람이 여러 명일 경우 대화 후 판매자가 정합니다.

• 판매자가 되어 내 물건을 사고 싶어 하는 구매자와 이야기해 보세요.

보기

판매하는 물건 – 의자   **가격 –** 7만원

물건 설명 – 일주일 전 구입
– 상태 최상
– 거래 가능 시간: 평일 저녁 6시 이후
– 교환, 환불 불가

동시에 | 아깝다 | 약간 | 이웃 | 인증하다 | 물품 | 인기를 끌다 | 공유하다 | 교류하다

8-3 한 단계 오르기

생각해 봅시다

◎ 다음 어휘와 문법 중 잘 이해하고 있는 것에 표시(✔)하세요.

☐ 사건	☐ 소식	☐ 소문
☐ 판매	☐ 후기	☐ 구매
☐ 전하다	☐ 발생하다	☐ 퍼지다
☐ 확인하다	☐ 구입하다	☐ 사기를 당하다

☐ 학교에 오다가 보니까 지하철역 앞에서 드라마를 **찍고 있던데요.**

☐ 주문한 지 **하루 만에** 택배가 도착했다.

☐ 이번 시험에 학생들 모두 **합격하기를** 바랍니다.

☐ 수업에 늦을까 봐 선생님께 메시지를 **보내 놓았다.**

☐ 3급 수업을 **듣고 보니** 내 한국어 실력이 많이 부족한 것 같았다.

☐ 여행 일정에 대해 자세히 물어보려고 **여행사에다가** 전화했어요.

◎ 아래의 문장을 보고 보기 와 같이 이야기해 보세요.

상품을 판매하신 고객님께 선물을 드립니다.

보기

보통 고객은 물건을 사는 사람이니까 '판매'는 '구매'로 바꿔야 할 것 같아요.

맞아요. '구입하신 고객님' 이라고 해도 괜찮겠네요.

1 다음 중 단어가 어색하게 쓰인 문장이 없는지 친구와 이야기해 보세요.

(1) 뉴스에서 아나운서가 사고 소문을 전했다.

(2) 사건이 발생한 지 하루 만에 이상한 소문이 퍼졌다.

(3) 방학에 부산 여행을 가려고 여행 후기를 썼다.

(4) 출발하기 전에 분명히 여러 번 확인했는데 가방 안에 여권이 없었다.

(5) 판매자가 올린 사진만 보고 돈을 보낼 뻔했는데 사기를 당해서 정말 다행이었다.

2 다음 중 문법이나 표현이 어색하게 쓰인 문장이 없는지 친구와 이야기해 보세요.

(1) 저는 수업 끝나고 도서관에 가던데요.

(2) 엠마 씨가 감기에 걸렸던데요.

(3) 고향에 1년 만에 못 갔어요.

(4) 비가 오는데 창문이 열려 놓아서 빨리 가야 돼요.

(5) 돈이 많으면 걱정이 없을 거라고 생각했는데 돈이 많고 보니까 그렇지도 않아요.

(6) 다리 아플 텐데 의자에다가 앉으세요.

(7) 선생님, 건강하고 행복하시기를 바랍니다.

● 아래 그림을 보고 배운 문법과 표현을 사용해서 짧은 이야기를 만들어 보세요.

지난 주말에 백화점에 갔다.

어휘 늘리기

● 다음 단어에 대해 알아보고 친구와 함께 질문에 대답해 보세요.

1

사건
- 사건이 발생하다
- 사건이 일어나다
- 사건이 터지다
- 사건을 해결하다

소식
- 소식을 전하다
- 소식을 듣다
- 소식을 알게 되다
- 소식이 끊기다

소문
- 소문이 나다
- 소문을 내다
- 소문이 퍼지다
- 소문을 퍼뜨리다

- 최근에 보거나 들은 충격적인 사건에 대해 이야기해 보세요.
- 친구들에게 전하고 싶은 소식이 있으면 이야기해 보세요.
- 고향에 있는 가족들에게 알려지면 안 되는 소식은 무엇입니까?
- 소문을 내고 싶은 것이 있으면 이야기해 보세요.
  ▶ 지난달에 산 화장품을 바르고 피부가 아주 좋아졌어요!
  ▶ 학교 앞 커피숍에 잘생긴 알바생이 새로 왔던데요!

2

주문 접수	→	결제 완료	→	상품 준비	→	배송 중	→	배송 완료

구매 내역	장바구니	키워드 알림	상품평	별점
주문 목록	배송 조회	찜	후기 작성	핫딜

- 지금 여러분의 장바구니에는 무엇이 있습니까?
- 지난 한 달 동안 구매 내역은 무엇이 있습니까?
- 인터넷에서 자기가 산 물건의 상품평이나 후기를 찾아서 읽어 보고 여러분이 느낀 것과 비교해 봅시다.

● 다음 그림이 나타내는 말을 보기 에서 찾아보고 그 의미를 생각해 보세요.

보기   ① 입소문이 나다   ② 쏜살같이

③ 소리 소문도 없이   ④ 싼 것이 비지떡

1 보기 에서 알맞은 말을 찾아 번호를 쓰세요.

(1) 다른 사람이 알지 못하게 조용히   (   )

(2) 쏜 화살과 같이 매우 빠르게   (   )

(3) 값이 싼 물건은 품질도 별로 좋지 않음   (   )

(4) 입에서 입으로 소문이 전해지다   (   )

2 어떤 말을 쓸 수 있을까요? 빈칸에 알맞은 말을 쓰고 이야기해 보세요.

(1) 가 고양이를 잃어버렸다면서요?

　　나 네, 청소하느라 창문을 잠깐 열어 놓았는데 ＿＿＿＿＿＿＿＿＿＿＿ 밖으로 나가 버렸어요.

(2) 가 그 친구가 고향에 돌아갔다는 소식 들었어?

　　나 응, 어떻게 ＿＿＿＿＿＿＿＿＿＿ 고향에 가 버릴 수가 있지? 인사도 없이 말이야.

(3) 가 편의점을 세 곳이나 가 봤는데 제가 찾는 과자가 없더라고요.

　　나 요즘 그 과자가 맛있다고 ＿＿＿＿＿＿＿＿＿＿ -아/어서 사기가 어렵다고 하던데요.

(4) 가 와, 이거 왜 이렇게 값이 싸지?

　　나 ＿＿＿＿＿＿＿＿＿＿ (이)야 . 몇 번 쓰면 고장 날 게 분명해.

실전 말하기

"아이돌 A 씨 ♥ 배우 B 씨"

N이/가 그러는데/그러던데

N에서 그러는데/그러던데

누가/어디서 그러는데/그러던데

세상에. / 맙소사. / 어떡해(요).

신경(을) 쓰다

신경(이) 쓰이다

Track 10

● 위에 나온 표현을 생각하면서 대화를 읽어 보세요.

> 가 그 소식 들었어? 내가 좋아하는 아이돌 A 씨랑 배우 B 씨랑 사귄대!
>
> 나 뭐? 세상에! 누가 그래?
>
> 가 인터넷 뉴스에서 그러는데 사귄 지 벌써 1년이나 됐대.
>
> 나 너 그걸 믿어? 그냥 소문이겠지. 신경 쓰지 마.
>
> 가 어떻게 신경을 안 써? 내가 A 씨를 얼마나 좋아하는데….
>
> 나 그래, 얼마나 좋아하는지 잘 알지.
>
> 가 이번에 팬미팅 가려고 신경 써서 선물도 준비했는데 나 어떡해….
>
> 나 속상하겠지만 그래도 네가 팬이니까 A 씨를 믿어야지!

● 다음 표현을 사용해서 친구와 짧게 대화해 보세요.

> N이/가 그러는데/그러던데
>
> N에서 그러는데/그러던데
>
> 누가/어디서 그러는데/그러던데

이야기의 출처를 설명할 때
출처가 불확실할 때는 '누가 / 어디서'를 사용

> 가 선생님이 그러시는데 이번 시험이 어려울 거예요.
>
> 나 그래요? 그럼 열심히 공부해야겠네요.

가 <mark>누가 그러던데</mark> 학교 앞 커피숍에 잘생긴 알바생이 새로 왔대.

나 엥? 잘생긴 사람 전혀 못 봤는데…. 누가 그래?

| 우리 엄마 / 아빠 | 내 친구의 친구 | ? |

세상에. / 맙소사. / 어떡해(요). 예상 밖의 일이 생겨서 아주 놀라거나 안타까운 소식을 들었을 때

가 어제 술 마시고 가방을 잃어버려서 노트북이랑 지갑까지 다 잃어버렸어.

나 <mark>맙소사! 어떡해!</mark>

| 선생님이 교통사고가 나서 많이 다치셨다 | 친구가 이번에도 또 유급을 했다 | ? |

신경(을) 쓰다 / 신경(이) 쓰이다 아주 작은 일에도 깊이 생각하거나 걱정할 때

가 제가 한 말에 친구가 기분 나빴을까 봐 자꾸 <mark>신경이 쓰여요.</mark>

나 <mark>신경 쓰지 마세요.</mark> 별로 기분 나빠 보이지 않았어요.

| 남자/여자 친구 부모님께 드릴 선물이 걱정된다 | 모임에서 내 이야기만 한 것 같아서 걱정된다 | ? |

● 위에서 배운 표현을 사용해 아래 상황에 대해 이야기해 보세요.

- 좋아하는 아이돌이 배우와 사귄다는 소문을 듣고 팬심을 바꾼 친구와의 대화
- 옆 반 남학생이 자기를 좋아한다는 소문을 듣고 갑자기 화장을 하는 친구와의 대화
- 무설탕 음료수가 건강에 나쁘다는 소문을 듣고 놀란 친구와의 대화

가 그 얘기 들었어? 인터넷 뉴스에서 그러는데 아이돌 A 씨랑 배우 B 씨랑 사귄대.

나 뭐? 세상에! 내가 얼마나 A 씨를 좋아하는데….

가 그냥 소문이겠지. 신경 쓰지 마.

나 어떻게 신경을 안 써? 빨리 다른 아이돌로 마음을 바꿔야겠어.

실전 쓰기

육하원칙(5W1H) 기사를 쓸 때 필수적으로 써야 하는 정보

● 기사문 등 사건을 전달하는 글을 쓸 때에는 다음 여섯 가지 내용이 포함되어야 합니다.

> 누가 who   언제 when   어디에서 where   무엇을 what   어떻게 how   왜 why

● 아래 **보기** 와 같이 연습해 보세요.

> **보기** 빈 씨가 오늘 아침에 교실에서 빵을 맛있게 먹었다. 아침을 못 먹었기 때문이다.
> 　　　　누가　　　언제　　어디에서　무엇을　어떻게　　　　　　왜

1

　　어제 저녁 상수역 앞에서 길을 건너던 대학생 A 씨가 배달 오토바이에 부딪혀 크게 다쳤습니다. 사고를 본 사람들은 배달 오토바이가 휴대폰을 보면서 달리다가 A 씨를 보지 못해서 사고가 났다고 했습니다.

→ 누가: _____

　 언제: _____

　 어디에서: _____

　 무엇을: _____

　 어떻게: _____

　 왜: _____

2

- 누가: 서울시
- 어디에서: 한강 여의도 공원
- 어떻게: 3년 만에 열었다
- 언제: 지난 토요일
- 무엇을: 서울 세계 불꽃 축제
- 왜: 일상에 지친 시민들에게 즐거움을 주기 위해

→ _____

_____

● 유학하는 동안 기억에 남는 일이나 고향의 가족에게 있었던 일을 메모해 보고, 가족 신문 기사를 써 보세요.

나에게 있었던 일	가족에게 있었던 일
• 누가:	• 누가:
• 언제:	• 언제:
• 어디에서:	• 어디에서:
• 무엇을:	• 무엇을:
• 어떻게:	• 어떻게:
• 왜:	• 왜:

CHAPTER

09

일상의 문제

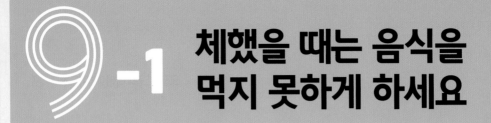

- 갑자기 아프거나 사고를 당해서 병원에 가야 했던 적이 있습니까?
- 심폐 소생술(CPR)은 무엇입니까? 하는 방법에 대해 배워 본 적이 있습니까?

문법 1

V-이/히/리/기/우- (사동)

> 지금 뭐 해요?

> 친구가 아파서 죽을 **끓이**고 있어요.

❗ 주어가 사람, 동물, 사물 등에 어떤 행동을 직접 하거나 행동을 하게 만들 때 사용한다.

동생이 울어요.	형이 동생을 **울렸**어요.
아이가 옷을 입어요.	엄마가 아이에게 옷을 **입혀**요.
아이가 손을 씻어요.	아빠가 아이의 손을 **씻겨**요.

- 강아지가 배탈이 나서 약을 **먹였어요**.
- 내일은 학교에 안 가니까 아침에 **깨우지** 마세요.
- 죄송합니다만, 신분증 좀 **보여** 주시겠습니까?
- 가 이제 먹어도 되겠지?
  나 아직 안 익은 것 같은데? 고기는 잘 **익혀** 먹어야 돼.

연습

● 문장을 만들어 보세요.

(1) 의사 / 환자 / 살렸다

→ _____

(2) 나 / 친구 / 가족사진 / 보여 줬다

→ _____

(3) 미용사 / 손님 / 머리 / 감기다

→ _____

죽 | 익다

1 보기와 같이 이야기해 보세요.

보기 내일 일찍 가야 하다, 아침에 깨우다

내일 일찍 나가야 하는데 아침에 깨워 줄 수 있어요?

네, 그럼요. 아침에 깨워 줄게요.

(1) 좀 늦었다, 지하철역까지 태우다

(2) 선생님께 연락해야 하다, 선생님의 전화번호를 알리다

(3) (   ), 소리를 줄이다

(4) 어제 수업을 못 들었다, (   )

2 지금 민아는 뭘 하고 있습니까? 보기와 같이 이야기해 보세요.

보기

가　저 사람 민아 씨 맞죠?

나　네, 맞아요. 어떤 아이한테 옷을 입혀 주고 있네요.
　　조카인가 봐요.

(1)

(2)

(3)

(4)

문법 2

V-게 하다

> 저는 어릴 때부터
> 아침은 잘 안 먹었어요.

> 그래요? 저는 꼭 먹어요.
> 우리 어머니가 아무리 바빠도
> 아침은 꼭 먹게 하셨거든요.

❗ 다른 사람에게 어떤 행동을 하도록 시키거나 허락할 때 사용한다.

　엄마가 아이한테 매일 우유를 **마시게 해요.**

· 그 친구는 항상 나를 **웃게 해 주는** 사람이에요.
· 어떻게 하면 학생들이 수업을 잘 **듣게 할 수** 있을까요?
· 아버지가 유학을 **못 가게 하셔서** 너무 속상했어요.
· 늦은 밤에는 아이가 **뛰지 못하게 하세요.**

연습

🔘 문장을 만들어 보세요.

(1) 친구 / 나 / 항상 기다리다

　→ _____

(2) 선생님 / 학생들 / 숙제를 꼭 하다

　→ _____

(3) 의사 / 환자 / 담배를 못 피우다

　→ _____

활동

1 보기와 같이 이야기해 보세요.

보기 조카가 고기를 안 먹다, 키가 안 크다   음식을 골고루 먹다

조카가 고기를 안 먹는데 키가 안 클까 봐 걱정이에요.

그럼 음식을 골고루 먹게 해야지요.

(1) 친구가 술을 좋아하다, 건강이 나빠지다   술을 조금만 마시다

(2) 아이가 단 음식을 좋아하다, 충치가 생기다   자기 전에 반드시 양치질을 하다

(3) 친구가 지각을 자주 하다, (   )   (   )

(4) (   ), (   )   병원에 가 보다

2 친구와 다음 주제에 대해 보기와 같이 이야기해 보세요.

보기

카린, 너는 어릴 때 부모님 말씀을 잘 듣는 아이였어?

응, 어릴 때 어머니가 편식을 못 하게 하셔서 어머니 말씀대로 싫어하는 음식도 다 먹었어.

아니, 어릴 때 어머니가 편식을 못 하게 하셨는데 좋아하는 음식만 골라 먹었어.

부모님이 하게 한 일	O / X	못 하게 한 일	O / X
매일 일기를 쓰게 하셨다		편식을 못하게 하셨다	

충치 | 양치질 | 편식

● 대화를 듣고 따라 읽어 보세요.

Track 11

엠마　빈 씨, 어디가 안 좋아요? 덥지도 않은데 땀을 흘리고 있잖아요.
　　　얼굴도 하얗고….

빈　　네, 속이 답답하고 배도 좀 아파요. 병원에서 밀가루 음식을 못 먹게
　　　했는데 점심에 빵을 먹었거든요. 그게 좀 체한 모양이에요.

엠마　심하게 체한 것 같은데요. 모임이 끝날 때까지 참을 수 있겠어요?
　　　많이 아프면 먼저 가지 그래요?

빈　　아직은 참을 수 있어요. 그리고 아까 화장실에 다녀왔더니 좀
　　　괜찮아지는 것 같아요.

엠마　다행이네요. 그럼 따뜻한 물을 좀 마시면서 쉬세요. 그리고 혹시
　　　계속 아프면 저한테 빨리 알려 주세요. 제가 집까지 태워다 줄게요.

빈　　고마워요, 엠마 씨. 그럴게요.

체하다 ｜ 참다

어휘와 표현

1 다음 단어에 대해 알아보고 빈칸에 알맞은 말을 쓰세요.

> 체하다　　삐다　　부러지다　　찢어지다　　베이다

> 꿰매다　　붓다　　토하다　　깁스를 하다　　소독하다

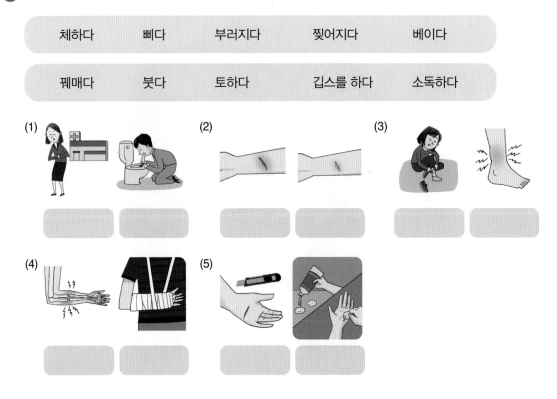

(1)

(2)

(3)

(4)

(5)

2 다음 단어와 의미가 맞는 것을 연결하세요.

(1) 비상약　　　　　　•　　　　　　• ㉮ 아플 때 나타나는 여러 가지 상태나 모양

(2) 호흡　　　　　　•　　　　　　• ㉯ 어떤 사실이나 사고를 기관에 알림

(3) 증상　　　　　　•　　　　　　• ㉰ 급한 상황에서 임시로 하는 치료

(4) 신고　　　　　　•　　　　　　• ㉱ 숨을 쉼

(5) 응급 처치　　•　　　　　　• ㉲ 급한 상황에 필요한 약

오늘의 표현

A/V-아/어 가지고　A/V-아/어서(이유, 순서)의 구어적 표현

- 물을 따르다가 컵이 깨져 가지고 손이 찢어졌어요.
- 다친 아이는 응급 처치를 해 가지고 구급차에 태워 보냈어요.

따르다

듣고 말하기 1

● 여러분은 응급 상황을 경험해 본 적이 있습니까?
어떤 상황이었는지, 어떻게 응급 처치를 했는지 이야기해 보세요.

Track 12

1 다음을 잘 듣고 대답해 보세요.

(1) 여자가 119에 전화를 한 이유는 무엇입니까?

(2) 현재 아이의 상태는 어떻습니까?

(3) 119가 도착할 때까지 여자가 해야 할 일은 무엇입니까?

침착하다 | 쇼크 | 쓰러지다 | 바닥 | 구급차

듣고 말하기 2

Track 13

1 다음을 잘 듣고 질문에 답하세요.

(1) 지난 방송에서는 무엇에 대해서 이야기했습니까?

(2) 이 방송에서는 무엇에 대한 정보를 알려주고 있습니까?

(3) 다음은 일상생활에서 일어날 수 있는 응급 상황입니다. 이때 해야 하는 응급 처치는
무엇입니까? 그림을 보고 이야기해 보세요.

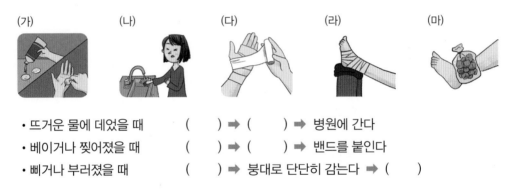

(가)　　　　(나)　　　　(다)　　　　(라)　　　　(마)

- 뜨거운 물에 데었을 때　　　(　　) ➡ (　　　) ➡ 병원에 간다
- 베이거나 찢어졌을 때　　　(　　) ➡ (　　　) ➡ 밴드를 붙인다
- 삐거나 부러졌을 때　　　　(　　) ➡ 붕대로 단단히 감는다 ➡ (　　　)

2 여러분의 생각을 이야기해 보세요.

(1) 음식이 목에 걸렸을 때는 어떤 응급 처치를 해야 할까요?

(2) 집 안에서 일어날 수 있는 사고에는 어떤 것들이 있습니까?

심폐 소생술 | 비정상적 | 화상 | 데다 | 거즈 | 붕대 | 감싸다 | 멈추다 | 감다 | 닿다 | 단단하다 | 베개

● 다음 중 잘못된 응급 처치 방법은 어떤 것입니까?

- 코피가 날 때

☐ 고개를 뒤로 젖힌다.

☐ 고개를 앞으로 숙인다.

- 데었을 때

☐ 덴 곳에 연고나 버터를 바른다.

☐ 집에 소독약이 없을 때 소주로 소독을 한다.

- 귀가 막힐 때

☐ 코를 막고 콧바람을 분다.

☐ 침을 삼킨다.

- 귀에 물이 들어갔을 때

☐ 귓속에 들어간 물을 면봉으로 닦아 낸다.

☐ 고개를 젖혀 물을 빼고 말린다.

- 체했을 때

☐ 탄산음료를 마신다.

☐ 배를 시계 방향으로 마사지한다.

젖히다 | 연고 | 삼키다 | 면봉 | 마사지

화면이 안 나오면 전원을 껐다가 다시 켜 보세요

- 사용하던 물건이 고장 나거나 새로 산 물건에 문제가 생겼던 적이 있습니까?
- 그럴 때 어떻게 해결했습니까?

문법 1

아무 N(이)나, 아무 N도

뭘 들을까?

그냥 아무 노래나 듣자.

❗ 어떤 사람(것)이나 상관없음을 말할 때

저는 **아무 음식이나** 잘 먹어요.	→	전체 긍정
저는 **아무 음식도** 못 먹어요.	→	전체 부정
저는 **아무 음식이나** 못 먹어요.	→	부분 부정

- 여기는 **아무나** 들어갈 수 있어요.
- 궁금한 것이 있으면 **아무 때나** 연락하세요.
- 아이가 **아무하고도** 이야기하지 않으려고 해요.
- 바빠서 아직 **아무것도** 못 먹었어요.
- 가 여기 앉아도 돼요?
  나 **아무 데나** 앉으면 안 돼요. 반드시 자기 자리에 앉으세요.

 '아무나/아무도,
아무것이나/아무것도,
아무 데나/아무 데도,
아무 때나'의
형태로도 사용한다.

연습

● 문장을 만들어 보세요.

(1) 한국 음식 / 좋아하다

→ _____

(2) 교실 / 없다

→ _____

(3) 특별한 물건 / 안 팔다

→ _____

활동

1 보기와 같이 이야기해 보세요.

보기 소화제, 사다   네, 비상약이다

소화제는 어디에서나 살 수 있어요?

네, 비상약이니까 아무 데서나 팔 거예요.

(1) 차, 주차하다   아니요, 주차장이 있다

(2) 학생, 들어가다   네, 학생증이 있다

(3) 그 식당, 가다   아니요, 주말에 쉬다

(4) 담배, 피우다   아니요, 금연 건물이다

2 다음을 보고 보기와 같이 이야기해 보세요.

보기

가 여기는 **누구나** 주차할 수 있어요?

나 아니요, 여기는 **아무나** 주차하면 안 돼요.
    장애인 주차 구역이거든요.

(1)

(2)
홍익 여행사 단독 판매!

서울 ↔ 제주
30,000 ~

(3)

(4)

소화제 │ 구역 │ 전용

문법 2

V-았/었다(가) V

더운데 왜 창문을 닫고 있어요?

아까 **열었다가** 시끄러워서 닫았어요.

어떤 행동을 완료한 후 다른 행동(대체로 반대 행동)을 할 때 사용한다.

창문을 **열었다가** 시끄러워서 닫았어요.

↓ ↓

완료한 행동 | 반대의 행동 (앞의 행동을 취소함.)

- 운동하러 **나갔다가** 비가 와서 금방 들어왔어요.
- 지하철을 **탔다가** 사람이 너무 많아서 바로 내렸어요.
- 구두를 **신었다가** 불편할 것 같아서 운동화로 갈아 신었어요.
- 태풍이 온다고 해서 비행기표를 **예약했다가** 취소했어요.

연습

◉ 문장을 만들어 보세요.

(1) 모자 / 쓰다 / 덥다

→ _____

(2) 그림 / 그리다 / 마음에 안 들다

→ _____

(3) 식당 / 가다 / 자리가 없다

→ _____

1 보기 와 같이 이야기해 보세요.

보기 | 주말에 놀이공원에 갈 것이다 | 약속을 하다, 토요일이 엄마 생신이다, 취소하다

주말에 놀이공원에 갈 거라면서요?

네, 그런데 약속을 하고 보니 토요일이 엄마 생신이어서 약속을 했다가 취소했어요.

(1) 방학에 고향에 갈 것이다   비행기표를 예약하다, 이번 방학이 짧다, 취소하다

(2) 자전거를 샀다   사다, 자주 안 탈 것 같다, 환불하다

(3) 소개팅을 했다   만나다, (   ), 금방 헤어지다

(4) (   )   받다, (   ), 돌려주다

2 친구의 이야기를 듣고 보기 와 같이 이야기해 보세요.

보기

다리가 너무 아파서 못 가겠어요.

잠깐 쉬었다가 가도 되니까 조금 쉬세요.

다리가 너무 아파서 못 가겠어요.	가다
이 신발을 살까 말까 고민이에요.	환불하다
영화를 보다가 배가 아플까 봐 걱정이에요.	다시 들어오다

대화

● 대화를 듣고 따라 읽어 보세요.

Track 14

첸   엠마 씨, 발표 준비는 다 했어요?

엠마   아니요, 아직 아무것도 못 했어요. 이번 발표 시험은 망한 것 같아요.

첸   왜요? 어제도 발표 준비한다고 집에 일찍 갔잖아요. 무슨 문제라도
      생겼어요?

엠마   노트북이 고장이 나서 A/S 센터에 맡겼거든요. 어제 발표 준비를
      하다가 갑자기 화면이 멈춰서 껐다가 다시 켜 봤지만 소용이
      없더라고요.

첸   저런, 그럼 준비했던 자료는 아무것도 안 남았어요?

엠마   네, 따로 저장해 놓지 않아서 처음부터 다시 해야 돼요.

망하다 | 소용(이) 없다 | 저장하다

어휘와 표현

1 다음 표현에 대해 알아보고 빈칸에 알맞은 말을 쓰세요.

> 액정이 깨지다 　　　 화면이 안 나오다 　　　 온도 조절이 안 되다
> 　　 얼음이 녹다 　　　 충전이 안 되다

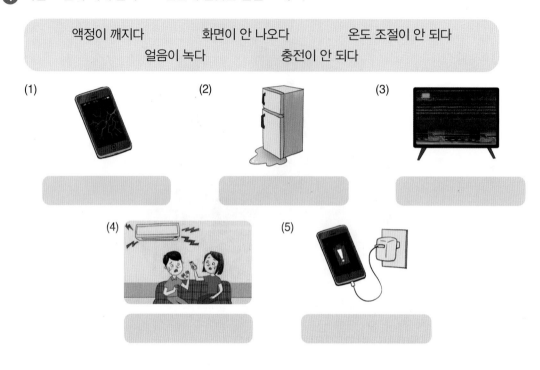

(1)

(2)

(3)

(4)

(5)

2 다음 단어와 의미가 맞는 것을 연결하세요.

> 뽑다　　　 잠그다　　　 틀다　　　 켜다　　　 꽂다　　　 끄다

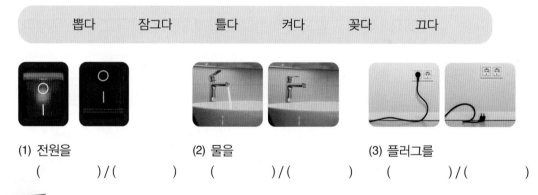

(1) 전원을
(　　　　) / (　　　　)

(2) 물을
(　　　　) / (　　　　)

(3) 플러그를
(　　　　) / (　　　　)

오늘의 표현

A-(으)ㄴ지 안 A-(으)ㄴ지 모르겠다
V-는지 안/못 V-는지 모르겠다　 어떠한 사실의 여부를 알 수 없을 때

• 아침에 급하게 나와서 문을 **잠갔는지 안 잠갔는지 모르겠어**.
• 충전기를 빌리기는 했는데 **충전이 되는지 안 되는지 모르겠다**.

플러그

읽고 말하기 1

● 다음은 여러 가지 제품의 설명서입니다. 여러분은 이런 설명서를 잘 활용하고 있습니까?

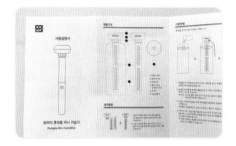

1 다음을 읽고 대답해 보세요.

제품 설명서는 제품을 사용하는 고객을 위해 만든 문서로 제품의 기능이나 사용법, 제품의 장점 등이 쓰여 있는데 이것은 고객이 제품을 올바르고 정확하게 사용할 수 있게 합니다. 제품 설명서에는 제품의 사용법뿐만 아니라 제품에 문제가 발생했을 때 고객이 스스로 문제를 해결하는 데 도움이 되는 정보도 들어 있습니다. 많은 사람들이 고장인지 아닌지 확실하지 않을 때는 서비스 센터 등을 이용해 문제를 해결하는 것보다 먼저 스스로 해결하는 것을 원하기 때문입니다.

그런데 이러한 내용이 들어 있는 제품 설명서는 고객만을 위해 만든 것은 아닙니다. 고객이 제품 설명서를 잘 사용하면 제품에 문제가 생기는 것도 줄일 수 있고 간단한 문제는 고객이 직접 해결할 수 있기 때문에 기업에도 중요한 문서라고 할 수 있습니다.

최근에는 기술의 발달로 제품의 기능이 다양해지고 복잡해져서 제품 설명서의 필요성이 더 커지고 있으며 종이로 된 설명서 대신에 인터넷이나 모바일을 이용한 전자 설명서도 많이 사용하고 있습니다.

(1) 제품 설명서는 무엇이며 주로 어떤 내용이 들어 있습니까?

(2) 제품 설명서에 제품의 문제를 해결하는 방법이 쓰여 있는 이유는 무엇입니까?

(3) 밑줄 친 내용의 의미를 예를 들어 설명해 보세요.

설명서 | 문서 | 올바르다 | 해결하다 | 스스로 | 기업 | 발달 | 모바일

읽고 말하기 2

● 다음은 제품 사용 설명서입니다.

문제가 있어요	확인해 보세요	이렇게 해 보세요
TV 전원이 켜지지 않아요.	전원 플러그가 잘 꽂혀 있습니까?	전원 플러그를 뽑았다가 다시 꽂으세요.
화면은 잘 나오는데 소리가 안 나와요.	소리가 켜져 있습니까? TV 스피커로 설정되어 있습니까?	볼륨을 높이세요. TV 스피커로 설정하세요.
가스 냄새가 나요.	사용 중에 환기를 했습니까? 화재 사고가 날 수 있으니 사용을 멈추세요.	창문을 여세요. 보일러를 바로 끄세요.
물이 뜨겁지 않아요.	혹시 설정된 온도가 낮지 않습니까? 온수를 사용할 때 수도꼭지를 온수 방향으로 돌렸습니까?	설정 온도를 높이세요. 수도꼭지를 온수 방향으로 더 돌리고 물을 틀어 보세요.
냉방을 켰는데 시원하지 않아요.	설정 온도가 실내 온도보다 낮습니까? 찬 공기가 밖으로 빠져나가지 않습니까? 실내에 사람이 많지 않습니까? 사람이 많으면 빨리 시원해지지 않습니다.	설정 온도를 실내 온도보다 낮게 하세요. 창문을 닫으세요.
에어컨에서 시끄러운 소리가 나요.	바람이 나오는 방향 때문에 소리가 날 수 있습니다.	전원을 껐다가 다시 켜세요.
냉동실에 있는 식품이 녹아요.	냉장고 문이 잘 닫혀 있습니까? 냉장고 위에 무거운 물건이 있습니까?	냉장고 문을 꽉 닫으세요. 냉장고 위에는 가능하면 아무것도 올려놓지 마세요.
냉장고 안에서 냄새가 나요.	냉장고 안에 냄새가 심한 음식이 있습니까? 냉장고 안이 깨끗합니까?	음식은 뚜껑을 덮어서 넣어 주세요. 냉장고 안을 청소해 주세요.

스피커 | 볼륨 | 설정 | 가스 | 환기 | 화재 | 보일러 | 수도꼭지 | 온수 | 냉방 | 빠져나가다 | 뚜껑 | 덮다

1 질문에 답하세요.

(1) 집안에서 사용하는 제품에 문제가 생기면 먼저 무엇을 해야 합니까?

(2) 볼륨을 높였지만 TV 소리가 나오지 않을 때는 어떻게 해야 합니까?

(3) 보일러를 사용할 때 주의해야 할 점은 무엇입니까?

(4) 올바른 에어컨 사용 방법은 무엇입니까? 어떻게 해야 시원하게 유지할 수 있습니까?

(5) 냉장고에서 냄새가 나지 않게 하려면 평소에 어떻게 사용해야 합니까?

2 여러분의 생각을 이야기해 보세요.

(1) 제품을 고장 없이 오래 사용하려면 어떻게 해야 할까요?

(2) 전자 제품을 구입할 때 중요하게 생각하는 것은 무엇입니까?

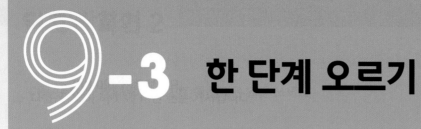

9-3 한 단계 오르기

생각해 봅시다

● 다음 어휘와 문법 중 잘 이해하고 있는 것에 표시(✓)하세요.

☐ 증상	☐ 신고	☐ 화상
☐ 의식	☐ 전용	☐ 설명서
☐ 틀다	☐ 잠그다	☐ 베이다
☐ 삐다	☐ 뽑다	☐ 꿰매다

☐ 조용히 해 주세요. 아기를 **재우고** 있잖아요.

☐ 배탈이 나을 때까지 찬 음식을 **못 먹게 하세요**.

☐ 학교에 오다가 **넘어져 가지고** 무릎이 찢어졌다.

☐ **아무거나** 빨리 되는 걸로 주세요.

☐ 공연을 **예매했다가** 못 갈 것 같아서 취소했다.

☐ 이 약을 먹는 동안 커피를 **마셔도 되는지 안 되는지** 모르겠다.

● 아래의 문장을 보고 보기 와 같이 이야기해 보세요.

전기를 아끼려면 외출할 때 불을 꼭 잠그세요.

보기

불도 '잠그다'라고 쓸 수 있어요? '잠그다'는 물에 쓰는 것 아닌가요?

맞아요. 불에는 '잠그다'가 아니라 '끄다'를 사용하고 '잠그다'는 물이나 가스에 써요.

1 다음 중 단어가 어색하게 쓰인 문장이 없는지 친구와 이야기해 보세요.

(1) 제품을 사용하시면서 궁금한 점이 있으면 언제든지 신고하세요. 잘 설명해 드리겠습니다.

(2) 동생이랑 싸우다가 교과서가 찢어졌는데 엄마가 테이프로 꿰매 주셨다.

(3) 기침을 하고 콧물이 나는 것 이외에 다른 증상은 없으세요?

(4) 설거지를 하다가 컵을 깨뜨려 가지고 손을 베였다.

(5) 아침에 큰 사고가 났다고 하던데 뉴스 좀 보게 TV 틀어 봐.

2 다음 중 문법이나 표현이 어색하게 쓰인 문장이 없는지 친구와 이야기해 보세요.

(1) 운동을 하려고 가까운 거리는 버스 대신 자전거를 태우고 다녀요.

(2) 우리 언니는 어릴 때부터 자기 물건을 사용하지 않게 했어요.

(3) 첸이 축구를 하다가 다리를 삐어 가지고 잘 걷지도 못한다.

(4) 도서관에 갔다가 오늘이 쉬는 날이라는 말을 듣고 안 갔다.

(5) 이건 비밀이니까 아무한테나 말하면 안 돼. 너만 알고 있어.

(6) 제가 아무 때도 연락하지 말라고 말씀 드렸잖아요.

(7) 그 사람이 나를 마음에 들어하는지 안 들어하는지 몰라서 너무 답답해.

● 아래 그림을 보고 배운 문법과 표현을 사용해서 짧은 이야기를 만들어 보세요.

며칠 전부터 우리 집 고양이가 밥도 잘 먹지 않고 평소처럼 잘 놀지도 않았다.

어휘 늘리기

● 다음 단어에 대해 알아보고 친구와 함께 질문에 대답해 보세요.

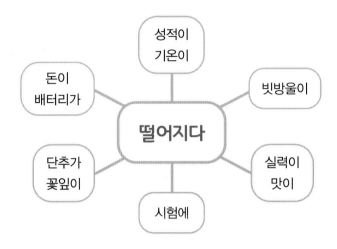

성적이
기온이

돈이
배터리가

빗방울이

떨어지다

단추가
꽃잎이

실력이
맛이

시험에

1
- 화장지를 다 써서 사야 할 때
- 엄마가 제일 싫어하는 것은?
- 식탁 위에 있던 그릇이 왜 깨졌을까?
- 내 친구는 나보다
- 시험 보는 날 미역국을 안 먹는 이유는?
- 가을이 지나고 겨울이 오면

집에 화장지가 떨어져서 마트에 가야 해요.
_____
_____
_____
_____
_____

2

진료 과목

내과	외과	치과
안과	피부과	성형외과
정형외과	산부인과	
이비인후과	정신건강의학과	

비상약

소화제	진통제	해열제
종합 감기약	설사약	두통약
소독약	연고	파스
밴드		

- ○○과는 어디가 아플 때 가는 곳입니까?
- 한국에 올 때 가져온 비상약은 무엇입니까? 그것은 언제 사용합니까?

● 다음 그림이 나타내는 말을 보기 에서 찾아보고 그 의미를 생각해 보세요.

보기
① 입에 쓴 약이 몸에 좋다   ② 씻은 듯이 낫다
③ 손을 보다   ④ 마이너스의 손

① 보기 에서 알맞은 말을 찾아 번호를 쓰세요.

(1) 듣기 싫은 말이 자신에게 도움이 될 때가 있다   (   )

(2) 물건 등에 문제가 생겨서 고치다   (   )

(3) 사용하는 물건마다 고장이 나다   (   )

(4) 병이 아주 깨끗하게 낫다   (   )

② 어떤 말을 쓸 수 있을까요? 빈칸에 알맞은 말을 쓰고 이야기해 보세요.

(1) 가 현관문이 잘 안 잠기는 걸 보니 어디가 고장 난 모양이야.

　　나 지난번에 내가 ＿＿＿＿＿＿＿＿＿＿ -았/었는데 소용이 없나 보네. 새로 바꿔야 할 것 같아.

(2) 가 감기가 심하다던데 괜찮아졌어요?

　　나 네, 감기약을 먹고 일주일 정도 푹 쉬었더니 ＿＿＿＿＿＿＿＿＿＿ -았/었어요.

(3) 가 우리 엄마는 잔소리가 너무 심해. 어릴 때부터 못 하게 한 게 얼마나 많은데.

　　나 원래 ＿＿＿＿＿＿＿＿＿＿ -대. 다 너 잘되라고 하신 말씀일 거야.

(4) 가 어떡하지? 화장품 뚜껑이 깨져 버렸어.

　　나 참 나, 정말 ＿＿＿＿＿＿＿＿＿＿ 답다. 어떻게 만지기만 하면 다 고장이 나니?

실전 말하기

A/V-ㄴ/는다고(요)?

말도 안 돼(요). / 말이 돼(요)?

어쩐지

◉ 위에 나온 표현을 생각하면서 대화를 읽어 보세요.

Track 15

가 미안한데 오늘 점심 같이 못 먹을 것 같아. 휴대폰 액정이 깨져서 휴대폰을 사러 가야 하거든.

나 휴대폰 고장 났어? 어쩐지 어제 계속 전화했는데 안 받더라. 근데 액정이 깨졌는데 왜 새로 사? 수리하면 되잖아.

가 나도 그렇게 하고 싶은데 액정이 비싸더라고. 그래서 새로 사는 게 나을 것 같아.

나 뭐? 수리비가 비싸서 새로 산다고? 휴대폰이 얼마나 비싼데. 말도 안 돼.

가 최신 제품이 아니면 그 돈으로 새로 살 수도 있대.

나 그래도 아직 괜찮은데 새로 사는 건 너무 아깝다.

가 당장 사는 건 아니고 우선 가격을 알아보려고. 너무 비싸면 그냥 수리해서 쓸 거야.

◉ 다음 표현을 사용해서 친구와 짧게 대화해 보세요.

A/V-ㄴ/는다고(요)?   잘 못 듣거나 들은 내용을 믿을 수 없어서 다시 확인할 때

가 나 이번 학기 끝나고 고향에 돌아가.

나 고향에 돌아간다고? 6급까지 공부한다고 했잖아.

당장 | 수리하다

100

| 지난 방학에 자격증을 땄다 | 고양이를 키울 것이다 | ? |

말도 안 돼(요). / 말이 돼(요)? 믿을 수 없는 말을 들었을 때

가 있잖아, 우리 이제 그만 만나자.

나 뭐라고? 그만 만나자고? 10년 동안 만났는데 헤어진다는 게 **말이 돼**?

| 자동차를 샀다 | 다른 나라로 유학을 갈 것이다 | ? |

어쩐지 어떤 이유인지는 정확히 알 수 없으나 그렇다고 느꼈을 때

가 첸하고 카린이 사귄대.

나 **어쩐지** 둘이 매일 같이 다니더라고.

| 선생님께서 많이 아프시다 | 다음 달부터 라면값이 오를 것이다 | ? |

● 위에서 배운 표현을 사용해 아래 상황에 대해 이야기해 보세요.

- 휴대폰이 고장 났는데 수리비가 비싸서 새로 사겠다는 친구와의 대화
- 이가 아픈데 치료비가 비싸서 치료하기 위해 고향에 다녀오겠다는 친구와의 대화
- 아르바이트를 시작했는데 일을 잘하기 위해서 학교를 휴학하겠다는 친구와의 대화

가 있잖아, 나 휴대폰 고장 났어.

나 휴대폰이 고장 났다고? 어쩐지 어제 계속 전화했는데 안 받더라.

가 그런데 수리비가 비싸서 새로 사야 할 것 같아.

나 뭐? 새로 산다고? 수리비가 비싸다고 휴대폰을 새로 산다는 게 말이 돼?

실전 쓰기

묘사하기 어떤 대상을 언어로 표현할 때

◉ 어떤 것을 묘사하여 설명할 때에는 다음과 같은 표현을 사용합니다.

> • N처럼(같이) A-다, V-ㄴ/는다
>
> • N 같다
>
> • A-아/어 보이다
>
> • V-고 있다, V-아/어 있다

◉ 아래 보기 와 같이 연습해 보세요.

보기

- 농구 선수처럼 키가 크다
- 피부가 우유처럼 하얗다
- 모델 같이 옷을 잘 입는다

→ 커피숍에서 한 남자가 커피를 마시고 있다. 그 사람은 **농구 선수처럼** 키가 크다. 피부는 **우유처럼** 하얗고 안경을 쓰고 있는데 옷을 잘 입어서 **모델 같다**.

1

- 엄마가 아이에게 _____
- 아이는 바닥에 _____
- 얼굴이 인형처럼 _____
- 피부가 눈처럼 _____
- 웃는 얼굴이 천사 같다

→ 지금 _____

_____

인형 ｜ 천사

②

- 책상, 의자, 침대, 옷장, 책장, 창문이 있다
- 책상 앞에는 _____
- 창문 옆에는 _____
- 벽에는 _____
- 도서관 같이 _____
- 카페처럼 _____

→ 내 방에는 책상, 의자, 침대, 옷장, 책장, 창문이 있다. _____

_____

_____

③

- 책상 앞에 앉아 있다
- 손으로 _____
- 힘들어 보인다
- 할 일이 산처럼 _____

→ 사무실에 어떤 여자가 책상 앞에 앉아 있다. _____

_____

_____

● 여러분이 좋아하는 사람을 묘사해 보세요.

→ _____

_____

_____

_____

_____

music

CHAPTER

10

생활 습관

10-1 빈 씨가 예전에는 대충 먹더니 요즘에는 잘 챙겨 먹네요

- 100년 전을 상상해 봅시다. 그때 사람들은 하루 동안 무엇을 먹었습니까? 지금과 비교하면 무엇이 비슷하고 무엇이 다를 것 같습니까?

- 위에서 이야기한 과거 사람들의 식사와 여러분의 식사 중에서 무엇이 더 건강에 도움이 될 것 같습니까? 그렇게 생각하는 이유는 무엇입니까?

문법 1

A/V-더니

파비우 씨가 발음이 좋아졌네요!

그렇죠? 파비우 씨가 매일 듣기 복습을 하더니 발음이 좋아졌어요.

말하는 사람이 어떤 대상을 관찰하거나 어떤 대상과의 경험을 말하면서 그 대상이 과거와 달라진 상태를 나타낼 때 사용한다.

파비우 씨가 매일 듣기 복습을 **하더니**	발음이 좋아졌어요.
↓	↓
다른 사람이 과거에 한 행동	앞의 행동이 가져온 결과

- 카린 씨가 한국 친구를 많이 **만나더니** 성격이 밝아졌어요.
- 빈이 교실에 **오더니** 가방을 놓고 다시 나갔다.
- 작년에는 겨울에 눈이 많이 **내리더니** 올해는 별로 안 오네요.
- 아침에는 **흐리더니** 지금은 맑아졌어요.

연습

● 문장을 만들어 보세요.

(1) 동생이 늦게까지 친구와 놀다 / 늦잠을 잤다

→ _____

(2) 친구가 내 이야기를 듣다 / 웃었다

→ _____

(3) 작년에는 여름에 많이 덥다 / 올해는 별로 안 덥다

→ _____

활동

1 보기와 같이 이야기해 보세요.

보기

파비우 씨 동생은 키가 크다   어릴 때는 작다, 지금은 나보다 크다

파비우, 네 동생은 키가 커?

응, 어릴 때는 작더니 지금은 나보다 커.

(1) 6호선에 사람이 많다   옛날에는 6호선에 사람이 별로 없다, 요즘은 사람이 많다

(2) 길이 안 막히다   출퇴근 시간에는 길에 차가 많다, 지금은 괜찮다

(3) 달콤한 음식이 먹고 싶다   어제는 매운 음식이 먹고 싶다, (   )

(4) 3급은 어렵다   (   ), (   )

2 보기와 같이 이야기해 보세요.

보기

올가 씨 동생은 무슨 일을 해요?

어릴 때부터 외국어에 관심이 많더니 번역가가 됐어요.

올가 씨 동생은 무슨 일을 해요?	외국어에 관심이 많다
첸 씨가 새 노트북을 샀다면서요?	돈을 모으다
엠마 씨가 시험을 잘 봤대요.	
빈 씨가 요즘 좀 달라졌지요?	

문법 2

AIV-(으)ㄹ걸(요)

마크 씨는 지금 뭐 할까요?

글쎄요, 아마 도서관에서 공부할걸요.

어떤 사실을 잘 모르거나 확신할 수 없는 일을 나타낼 때 사용한다. 보통 억양을 올리며 말한다.

마크 씨는 아마 도서관에서 **공부할걸요.**

↓

추측

- 가 우체국이 열려 있겠죠?
  나 6시니까 벌써 문을 **닫았을걸요.**
- 가 내일은 날씨가 좋을까?
  나 아마 **좋을걸.**
- 가 카린 씨 동생이 고등학교를 졸업했지요?
  나 아직 **고등학생일걸요.**

연습

🔘 문장을 만들어 보세요.

(1) 가 첸 씨가 도서관에 갔어요?

　　 나 글쎄요, 시험이 있다고 했으니까 ＿＿＿＿＿＿＿＿＿＿＿＿＿＿＿＿

(2) 가 시험이 어려울까요?

　　 나 선생님께서 시험 준비를 열심히 하라고 하셨으니까 ＿＿＿＿＿＿＿＿＿

(3) 가 저 사람은 선생님이에요?

　　 나 아닌 것 같은데요. ＿＿＿＿＿＿＿＿＿＿＿＿＿＿＿＿

1 보기 와 같이 이야기해 보세요.

보기 올가, 방학 때 무엇을 하다 · · · · · · · · · · · · · · 제주도로 여행을 가다

올가 씨가 방학 때 무엇을 하는지 알아?

아마 제주도로 여행을 갈걸.

(1) 첸, 주말에 무엇을 하다 · · · · · · · · · 쓰기 숙제를 하다

(2) 엠마, 수업이 끝난 후에 어디에 가다 · · · · · · · · · 오늘도 학생 식당에서 밥을 먹다

(3) 마크, (　　　　　) · · · · · · · · · 한국 음악을 좋아하다

(4) ○○ 씨, (　　　　　) · · · · · · · · · (　　　　　)

2 보기 와 같이 이야기해 보세요.

보기

4급은 3급보다 쉽겠지요?

글쎄요, 3급을 마치고 4급을 배우니까 아마 어려울걸요.

4급은 3급보다 쉽다	3급을 마치고 4급을 배우다
내일은 숙제가 없다	매일 숙제가 있다
이 음식은 안 맵다	외국인들이 좋아하는 메뉴라고 하다
카린이 요즘 안 바쁘다	

대화

🔊 대화를 듣고 따라 읽어 보세요.

카린   어제 도서관에 갔더니 서준 씨와 서준 씨 동생이 있더라고요. 바빠서
인사만 했는데 서준 씨에게 그렇게 어린 동생이 있는 줄 몰랐어요.
중학생 같아 보이던데요.

첸   하하, 그건 아니에요. 서준 씨 동생도 이번에 우리 학교 학생이
됐대요. 동생이 열심히 공부하더니 원하는 대학에 입학했다고
하면서 서준 씨가 정말 기뻐하더라고요.

카린   어머, 그랬군요. 그래서 요즘 바쁜가 보네요.

첸   아, 요즘 바쁜 건 다음 주에 있는 발표 때문일걸요. 이번에 듣는
수업이 조금 어렵다고 하더라고요.

카린   저런, 힘들겠네요. 그래도 서준 씨라면 잘할 것 같아요.

어휘와 표현

1 다음 사진과 단어를 연결하세요.

(1)　　　　　　(2)　　　　　　(3)　　　　　　(4)
•　　　　　　　•　　　　　　　•　　　　　　　•

•　　　　　　　•　　　　　　　•　　　　　　　•
㉮ 탄수화물　　㉯ 단백질　　　㉰ 지방　　　㉱ 비타민

2 다음 표현에 대해 알아보고 빈칸에 알맞은 말을 쓰세요.

| 몸에 좋은 / 나쁜
건강에 좋은
바람직한 | 식습관을 | 가지다
키우다 | 규칙적으로 / 제때 먹다
골고루 먹다 – 편식하다 / 가려 먹다
제대로 / 잘 챙겨 먹다 – 대충 먹다
천천히 먹다 – 급하게 / 빨리 먹다
적당히 먹다 – 과식하다 |

영양분을 섭취하다

---

(1) 몸에 좋은 / _____ / _____ 식습관

(3) 항상 같은 때에 먹다　　　　　☺

　➡ _____, _____

(4) 알맞은 양을 먹다 ➡ _____

(5) 서두르지 않고 느리게 먹다 ➡ _____

(6) 이것저것 모두 먹다 ➡ _____

(7) 한 끼 식사에 영양이 좋은 음식을 잘 먹다

　➡ _____, _____

---

(2) _____ 식습관

(8) 먹고 싶은 것만 골라 먹다　　　☹

　➡ _____, _____

(9) 서둘러서 먹다 ➡ _____, _____

(10) 기본이 되는 것만 간단하게 먹다 ➡ _____

(11) 평소보다 많이 먹다 ➡ _____

---

(12) 살아가는 데에 필요한 에너지를 몸에 받아들이다 ➡ _____

오늘의 표현

A/V-(으)ㄹ 수도 있다 예상이나 기대와 다른 가능성을 나타낼 때

• 급하게 먹으면 **체할 수도 있으니까** 천천히 드세요.

• 비타민을 너무 많이 섭취하면 오히려 건강이 **나빠질 수도 있다.**

끼 | 양

듣고 말하기 1

● 유학을 하면서 여러분의 식생활은 어떻게 달라졌습니까?

Track 17

1 다음을 잘 듣고 대답해 보세요.

(1) 사람들은 과거에 비해 어떤 식품을 많이 삽니까?

(2) 빈은 왜 요리를 시작했습니까?

(3) 빈의 다이어트 방법에 대해 들어 본 적이 있습니까? 좋은 방법이라고 생각합니까?
친구와 이야기해 보세요.

냉동식품 ｜ 소비 ｜ 증가하다 ｜ 패스트푸드 ｜ (살을) 빼다

듣고 말하기 2

1 다음을 잘 듣고 질문에 답하세요.

(1) 선생님이 이번 수업에서 기대하는 것은 무엇입니까?

(2) 친구들이 발표한 내용을 간단하게 정리해 보세요.

발표자	발표 주제	내용
마크	( ) 식단	• 정의: • 시작된 곳: • 방법: • 장점:
카린	건강하게 먹는 방법	• 방법: • 간단한 실천 방법:

2 여러분의 생각을 이야기해 보세요.

(1) 지금 식습관은 어떻습니까? 어떤 음식을, 얼마나 자주, 어떻게 먹습니까?
여러분의 현재 식습관에 대해 이야기해 보세요.

(2) 여러분의 식습관은 건강에 도움이 되는 편입니까? 왜 그렇게 생각합니까?

(3) 만약 현재의 식습관이나 식단을 바꾼다면 어떻게 바꾸고 싶습니까?
그렇게 생각하는 이유는 무엇입니까?

● 아래 식생활 점검표를 보고 자신의 식생활을 점검해 보세요.

식생활 점검표

문항	○	△	×
① 저녁을 늦게 먹는다.			
② 식사 시간이 규칙적이지 않다.			
③ 짜고 매운 음식을 좋아하는 편이다.			
④ 야채와 과일을 매일 먹는다.			
⑤ 배달 음식을 일주일에 네 번 이상 먹는다.			
⑥ 라면, 냉동 만두 같은 가공식품을 자주 먹는다.			
⑦ 하루에 커피를 두 잔 이상 마신다.			
⑧ 탄산음료나 에너지 음료를 매일 마신다.			
⑨ 일주일에 세 번 이상 술을 마신다.			
⑩ 군것질을 자주 한다.			

● 여러분이 현재 그런 식생활을 가지게 된 이유는 무엇입니까? 어떻게 하면 건강한 식습관을 가질 수 있을까요?

저는 가끔 저녁을 늦게 먹어요. 간식을 먹으면 늦은 시간이 되어야 배가 고프거든요. ○○ 씨는 어때요?

저는 저녁은 조금 일찍 먹는 편이에요. 군것질을 별로 안 하거든요.

내 식생활의 문제점	
이러한 문제의 원인	
해결 방법	

지중해 | 식(스타일) | 식단 | 가공하다 | 체중 | 유지하다 | 예방하다 | 폭식 | 씹다 | 군것질

10-2 혼자 사는 만큼 건강을 잘 챙겨야 할 텐데요

- 건강에 도움이 되는 생활 습관에는 무엇이 있습니까?
- 어떤 운동이 건강에 도움이 될까요? 그렇게 생각하는 이유는 무엇입니까?

A-(으)ㄴ 만큼 V-는 만큼 N만큼

요즘 좀 많이 먹었더니 살이 찐 것 같아요.

저도요. 저는 먹는 만큼 살이 찌는 편이거든요.

후행절이 선행절과 비슷한 정도나 양이라는 것을 나타낼 때 사용한다. 또한 선행절의 양이나 정도에 따라 후행절의 결과가 달라지는데 이것이 확실하다고 판단될 경우 선행절의 내용을 이유나 근거로 사용할 수 있다.

저는 **먹는 만큼**　　　　　　**살이 찌는 편이거든요.**

서로 정도나 양이 비슷함.

- 단어를 **외우는 만큼** 상대방의 말을 이해할 수 있다.
- 수업이 **어려운 만큼** 배우는 것도 많은 것 같아요.
- 용돈을 **아낀 만큼** 여행에 쓸 수 있는 돈이 많아졌다.
- 김 감독은 기대하고 있는 관객이 **많은 만큼** 좋은 영화를 만들기 위해 노력했다.
- **엄마만큼** 내 생각을 해 주는 사람은 없다.
- 가 이 정도면 준비하면 되겠지?
  나 그럼, 이틀 정도 여행 가는 건데 **이만큼** 준비했으면 됐어.

연습

● 문장을 만들어 보세요.

(1) 매일 수업을 듣다 / 외워야 하는 단어가 많다

→ _____

(2) 고향이 멀다 / 비행기 값이 비싸다

→ _____

(3) 이 친구 / 나와 성격이 잘 맞는 사람은 없다

→ _____

1 보기와 같이 이야기해 보세요.

보기

복습을 하다, 실력이 좋아지다

유학 생활을 하면서 알게 된 것이 있나요?

제 생각에는 복습을 하는 만큼 실력이 좋아지는 것 같아요.

(1) 친구와 한국어로 이야기하다, 말하기 실력이 좋아지다

(2) 집안일을 많이 하다, 취미 생활에 쓸 수 있는 시간이 적다

(3) 드라마를 자주 보다, (   )

(4) (   ), (   )

2 보기와 같이 이야기해 보세요.

보기

한국 음식이 어때?

음식마다 고추장을 많이 사용하는 만큼 매운 음식이 많은 것 같아.

한국 음식	음식마다 고추장을 많이 사용하다, 매운 음식이 많다
새로 나온 휴대폰	기능이 많다, 비싸다
한국 드라마	기대, 재미있다
건강	외식을 줄였다, 건강해졌다
3급 수업	

문법 2

A/V-아/어야 할 텐데

주말에 여행을 간다면서요?

네, 날씨가 **좋아야 할 텐데** 걱정이에요.

! 일어나기를 바라는 일과 함께 쓰는데 실제로 그렇게 될지 알 수 없어서 걱정이라는 뜻을 나타낸다.

날씨가 **좋아야** 할 텐데 걱정이에요.

↓

일어나기를 바라는 일

- 준비한 선물이 엠마 씨 마음에 **들어야 할 텐데** 어떨지 모르겠네요.
- 음식이 **맛있어야 할 텐데** 입에 맞으실지 모르겠어요.
- 시험을 볼 때 너무 **긴장하지 않아야 할 텐데** 걱정이에요.
- 첸 씨가 아프다면서요? 빨리 **나아야 할 텐데요.**

연습

● 문장을 만들어 보세요.

(1) 준비한 음식이 부족하지 않다 / 어떨지 모르겠다

→ 친구들을 집에 초대했어요. _____

(2) 카린 씨가 원하는 집이 있다 / 걱정이다

→ 카린 씨가 아직도 이사할 집을 못 구했다면서요? _____

(3) 이번에는 합격하다

→ 빈 씨가 또 운전면허 시험을 본대요. _____

활동

1 보기와 같이 이야기해 보세요.

보기 첸 씨가 지갑을 잃어버리다 / 지갑을 빨리 찾다, 현금을 많이 가지고 다니다

첸 씨가 지갑을 잃어버렸대요.

지갑을 빨리 찾아야 할 텐데요. 첸 씨는 현금을 많이 가지고 다니잖아요.

(1) 마크 씨가 사업을 시작했다 / 일이 잘 되다, 이번 사업을 하려고 돈을 많이 빌렸다

(2) 파티마 씨가 병원에 입원했다 / 큰 병이 아니다, 다음 달에 결혼하다

(3) 엠마 씨가 지난달에 신청한 비자가 아직 안 나왔다 / (　　　　　), (　　　　　)

(4) (　　　　　) / (　　　　　), (　　　　　)

2 보기와 같이 이야기해 보세요.

요즘 얼굴이 별로 안 좋아 보이는데 무슨 고민이라도 있어요?

4급에 가려면 시험을 잘 봐야 할 텐데 시험에서 실수할까 봐 걱정이에요.

일어나기를 바라는 일	걱정되는 일
4급에 가려면 시험을 잘 보다	시험에서 실수하다
고향에 가려면 비행기를 타다	날씨가 안 좋다
한국에 있는 동안 건강하다	

사업

120

대화

● 대화를 듣고 따라 읽어 보세요.

Track 19

빈   파비우 씨가 또 아파서 결석했대요.

파티마   어머? 또요? 파비우 씨는 자주 아프네요. 무슨 문제라도 있는
        걸까요?

빈   그건 아닐 거예요. 한국에 온 후로 대충 먹어서 그렇다고 했거든요.

파티마   파비우 씨도 빈 씨만큼 건강에 신경을 써야 할 텐데요.

빈   맞아요. 파비우 씨는 혼자 사는 것이 처음이라서 걱정이에요.
        도와주려고 해도 괜찮다고만 하고요.

파티마   그래요? 한 번 더 물어보는 게 어때요?

빈   네, 그래야겠어요. 파비우 씨가 이번에는 좋다고 해야 할 텐데
        걱정이네요.

어휘와 표현

1 다음 단어에 대해 알아보고 빈칸에 알맞은 말을 쓰세요.

무릎
발목
상체(= 윗몸)
손목
엉덩이
허벅지

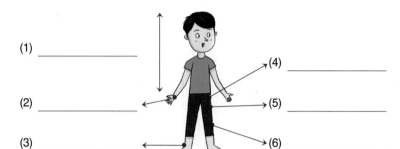

(1) _____

(2) _____

(3) _____

(4) _____

(5) _____

(6) _____

2 다음 표현에 대해 알아보고 빈칸에 알맞은 말을 쓰세요.

| 발을 벌리다 | 손을 들어 올리다 | 숨을 들이마시다 | 팔을 펴다 |
| 발을 모으다 | 손을 내리다 | 숨을 내쉬다 | 팔을 굽히다 |

(1)

_____

(2)

_____

(3)

_____

(4)

_____

(5)

_____

(6)

_____

(7)

_____

(8)

_____

오늘의 표현

V-기는 틀렸다 앞에서 말하는 내용이 불가능하다는 것을 표현할 때

• 팔을 다쳐서 들 수가 없어요. 오늘 **운동하기는 틀렸어요.**

• 약속 시간 5분 전에 일어났다. 늦지 않게 **도착하기는 틀렸다.**

읽고 말하기 1

● 다음은 유학 후 건강 상태에 대한 설문 조사 결과입니다. 여러분은 어떻게 생각합니까?

유학 후의 건강 상태

- 예전보다 좋아졌다 12%
- 예전과 비슷하다 21%
- 예전보다 나빠졌다 67%

유학 후 건강이 나빠진 이유

- 운동 부족 16%
- 식습관 변화 35%
- 스트레스 49%

1 다음을 읽고 대답해 보세요.

> 한국의 여름은 덥고 습하다. 이런 날씨 때문에 여름 내내 입맛도 없고 운동도 하기가 힘들었다. 그래서 몸이 좀 무거웠다. 친구에게 이런 이야기를 했더니 친구가 토요일 오전에 농구를 하러 가자고 했다.
>
> '내가 아무리 농구를 좋아해도 그렇지, 이렇게 더운데 농구를 하자고?'
>
> 하지만 그냥 알겠다고 대답했다. 날씨도 덥고 주말에는 비가 온다는 일기 예보도 있어서 이번 주말에도 운동하기는 틀렸다고 생각했기 때문이었다. 토요일 오전, 친구를 따라 어떤 건물로 들어갔는데 시원한 실내에서 사람들이 농구를 하고 있어서 나도 모르게 눈이 커졌다.
>
> "건강을 유지하려면 운동을 해야 할 텐데 이런 장소는 아직 모르는 것 같아서. 나만큼 네 생각 해 주는 사람도 없지?"
>
> 내 고민을 듣고 이런 장소를 모른다고 생각해서 데려와 준 친구가 정말 고마웠다. 친구와 함께 몸을 움직였더니 땀을 흘린 만큼 몸도 가벼워진 기분이 들었다.

(1) 이 사람은 주말에 어디에서 무엇을 했습니까?

(2) 이 사람은 친구가 농구를 하러 가자고 했을 때 어땠습니까?

(3) 실내에서 할 수 있는 운동과 실내 운동 시설에 대해서 이야기해 보세요.

습하다

읽고 말하기 2

● 다음은 간단한 스트레칭 방법을 소개하는 포스터입니다.

건강한 생활을 위한 하루 30분 스트레칭

학생들은 앉아 있는 시간이 긴 만큼 몸에 문제가 생기기 쉽습니다. 앉아 있는 시간이 길면 길수록 '운동을 해야 할 텐데'라고 걱정하게 되지요? 그럴 때는 자신의 몸 상태에 맞춰서 무리 하지 말고 하루에 30분만 스트레칭을 해 보세요.

- 서서 하는 동작

  (가) 서서 두 발을 어깨만큼 벌리세요. 한쪽 발끝을 세우고 발목을 천천히 돌려 주세요. 양쪽을 각각 30초 정도 하면 좋습니다.

  (나) 앞을 보고 서서 두 손을 잡고 팔을 머리 위로 쭉 펴세요. 천천히 숨을 들이쉬고 내쉬 세요. 그리고 상체를 천천히 옆으로 내려 주세요. 아프지 않은 데까지 내려간 후 자세를 20초 정도 유지하세요.

- 의자를 활용한 동작

  (다) 앞을 보고 앉은 자세에서 허리를 옆으로 돌리세요. 눈의 방향도 몸이 움직이는 방향을 따라 움직여야 합니다. 양쪽 손으로 의자를 잡아도 좋습니다.

  (라) 의자 옆에 서세요. 한 손으로 의자를 잡고 반대쪽 다리를 옆으로 들었다 내려 주세요. 5번 반복하고 반대쪽 다리도 똑같이 움직여 주세요.

- 누워서 하는 동작

  (마) 똑바로 누운 자세로 두 팔을 몸에 붙이세요. 무릎을 굽혀 다리로 △ 모양을 만든 후 어깨와 발에 힘을 주면서 엉덩이를 들어 올리세요. 그 자세에서 10번 정도 천천히 숨을 쉰 후 원래 자세로 돌아오세요.

  (바) 누워서 두 다리를 들어 올린 후 왼쪽 발목을 오른쪽 무릎 위에 놓으세요. 오른쪽 무릎 뒷부분에 손을 넣어 두 손을 잡은 후 허벅지를 몸 쪽으로 당기세요. 그 자세에서 10번 이상 천천히 숨을 들이쉬고 내쉬세요.

오래 앉아 있는 사람에게 스트레칭만큼 도움이 되는 운동은 없습니다. 무리하지 말고 천천히 할 수 있는 만큼 하다 보면 건강해진 스스로를 발견할 수 있을 겁니다. 여러분이 건강한 생활 습관을 기를 수 있기를 응원합니다.

학생건강센터

1 질문에 답하세요.

(1) 학생들에게 스트레칭이 필요한 이유는 무엇입니까?

(2) 이 포스터를 만든 이유는 무엇입니까?

(3) (가)~(바) 중에서 그림에 맞는 것을 쓰세요.

① (   )

② (   )

③ (바   )

④ (   )

⑤ (   )

⑥ (   )

(4) 아래 그림의 동작을 친구들에게 설명하면서 함께 스트레칭을 해 보세요.

① ② ③ ④ ⑤ ?

2 여러분의 생각을 이야기해 보세요.

(1) 'Let's move'는 운동을 싫어하는 사람들도 춤을 추는 등 가볍게 몸을 움직일 수 있도록 한 건강 캠페인입니다. 이러한 캠페인이나 영상에 대해 어떻게 생각합니까?

(2) 건강에 도움이 되는 동작을 연결해서 3분 정도 되는 홈트 영상을 만들어 봅시다.

무리하다 | 동작 | 양쪽 | 쭉 | 자세 | 잡다 | 움직이다 | 반복하다 | 모양 | 당기다 | 홈트

생각해 봅시다

◉ 다음 어휘와 문법 중 잘 이해하고 있는 것에 표시(✓)하세요.

☐ 영양분	☐ 식습관	☐ 무리하다
☐ 상체	☐ 발목	☐ 골고루
☐ 규칙적	☐ 바람직하다	☐ 섭취하다
☐ 굽히다	☐ 펴다	☐ 벌리다

☐ 엠마가 열심히 **공부하더니** 장학금을 받았다.

☐ 첸 씨는 다른 유튜버의 영상도 많이 **볼걸요.**

☐ 사람이니까 일을 하다 보면 **실수할 수도 있지요.**

☐ 이 가게는 음식을 **남긴 만큼** 돈을 내야 하니까 남기지 말고 다 드세요.

☐ 발표 준비를 오늘 저녁까지는 **끝내야 할 텐데** 걱정이에요.

☐ 아침에 일어나니 8시 45분이었다. 교실에 제때 **도착하기는 틀렸다.**

◉ 아래의 문장을 보고 보기 와 같이 이야기해 보세요.

건강을 생각해서 앞으로는 과식하려고 해요.

보기

'과식하다'는 나쁜 식습관을 말할 때 쓰는 말 아니에요? 너무 많이 먹었을 때 쓰는 말 같은데요.

맞아요. 그러면 이 부분을 '적당히 먹으려고 해요'나 '1인분만 먹으려고 해요'로 바꾸면 되겠네요.

1 다음 중 단어가 어색하게 쓰인 문장이 없는지 친구와 이야기해 보세요.

(1) 건강을 위해서 음식을 대충 먹는 사람이 점점 늘고 있다.

(2) 바로 선 자세에서 상체를 천천히 굽혀서 양쪽 손으로 발목을 잡으세요.

(3) 카린은 바람직한 식습관을 가지고 있어서 평소에도 편식을 하는 편이다.

(4) 같은 자세로 오래 있어서 목이 아플 때에는 목을 천천히 벌리면 좋습니다.

(5) 비빔밥을 먹으면 탄수화물, 단백질, 비타민 등 여러 영양분을 골고루 섭취할 수 있다.

2 다음 중 문법이나 표현이 어색하게 쓰인 문장이 없는지 친구와 이야기해 보세요.

(1) 저는 이미 숙제를 끝냈을걸요.

(2) 내일은 시험인데 마크 씨가 지각을 해야 할 텐데요.

(3) 매일 냉동식품만 먹으니까 건강해지기는 틀릴 거야.

(4) 그 일은 일할 만큼 돈을 벌 수 있어서 좋아요.

(5) 학교 앞에 새로 생긴 식당에 가더니 사람이 많더라고요.

(6) 친구가 쉬는 시간에 저한테 오더니 재미있는 이야기를 했어요.

(7) 그 가수의 새 앨범을 기다린 팬들이 많은 만큼 이번에도 1위를 했다.

● 아래 그림을 보고 배운 문법과 표현을 사용해서 짧은 이야기를 만들어 보세요.

내 동생은 어릴 때 겨울만 되면 감기에 걸렸다.

어휘 늘리기

● 다음 단어에 대해 알아보고 친구와 함께 이야기해 보세요

들다

- 나이가 들다
- 손을 들다
- 돈이 들다
- 가방을 들다
- 단풍이 들다
- 잠이 들다
- 생각이 들다
- 마음에 들다

돌리다

- 돌려서 말하다
- 고개를 돌리다
- 세탁기를 돌리다
- 사탕을 돌리다

모으다

- 회원을 모으다
- 다리를 모으다
- 돈을 모으다
- 우표를 모으다

- 영화를 보다가 생긴 일   <u>영화가 재미없어서 보다가 잠이 들었어요.</u>

- 가을에 여행하기 좋은 곳   _____

- 수업 중간에 교실 밖에 나가야 할 때   _____

- 여행을 간다고 생각하면 드는 생각   _____

- 3년 전과 비교했을 때 달라진 점   _____

- 내가 싫어하는 집안일   _____

- 너무 솔직한 친구에게 하고 싶은 말   _____

- 모으는 물건   _____

- 지하철에서 자리에 앉을 때   _____

- 중간시험을 본 후 하게 된 생각   _____

● 다음 그림이 나타내는 말을 보기 에서 찾아보고 그 의미를 생각해 보세요.

보기   ① 옆구리가 시리다   ② 두 손 두 발 다 들다
      ③ 양다리를 걸치다   ④ 발 디딜 틈이 없다

1 보기 에서 알맞은 말을 찾아 번호를 쓰세요.

(1) 자신의 능력으로 할 수 없어서 그만두다   (   )

(2) 남자 / 여자 친구가 없어서 외롭고 쓸쓸하다   (   )

(3) 복잡하고 사람이 많다   (   )

(4) 양쪽에서 이익을 얻기 위해서 양쪽 모두와 관계를 가지다   (   )

2 어떤 말을 쓸 수 있을까요? 빈칸에 알맞은 말을 쓰고 이야기해 보세요.

(1) 가 이 문제 어떻게 풀어야 되는지 알아?

    나 아니, 너무 어려워서 _____ –았/었어.

(2) 가 요즘 친구들을 만나기가 힘들어. 다들 연애하느라 바쁘더라고. 나만 없어, 여자 친구.

    나 _____ –(으)ㄴ가 보네.

(3) 가 얘기 들었어? 카린이 서준이랑 사귄대.

    나 어? 나는 카린이 첸이랑 사귄다고 들었는데?

    설마 카린이 _____ –고 있는 건 아니겠지?

(4) 가 오늘 무슨 일 있어? 여기 사람이 왜 이렇게 많아?

    나 그러게, 진짜 _____ –네. 무슨 일이지?

실전 말하기

(내가) A/V-(으)ㄹ 줄 알았다

N이/가 알아서 하다

그러다 말겠지(요).

Track 20

● 위에 나온 표현을 생각하면서 대화를 읽어 보세요.

> 가 있잖아, 너 이야기 들었어? 마크가 말하기 시험 날 너무 늦게 와서 시험을 못 봤대.
>
> 나 으이구, 내가 그럴 줄 알았어! 맨날 지각하더니 이번에 사고 크게 쳤네.
>
> 가 중간시험 성적도 별로 안 좋다고 했는데 괜찮겠지?
>
> 나 마크가 알아서 하겠지. 근데 어쩌다 그랬대?
>
> 가 시험 보는 날 새벽까지 일했대.
>
> 나 마크도 큰일이다.
>
> 가 요즘 점심도 안 먹고 공부하더라. 건강도 챙기면서 공부해야 할 텐데 좀 걱정돼.
>
> 나 놔둬, 그러다 말겠지. 너무 걱정하지 마.

● 다음 표현을 사용해서 친구와 짧게 대화해 보세요.

(내가) A/V-(으)ㄹ 줄 알았다 　상대방에 대한 자신의 생각이 맞다고 확인됐을 때

> 가 첸이 감기 걸렸대.
>
> 나 그럴 줄 알았어! 추운데 얇게 입고 다니더니. 많이 아프대?

맨날 ｜ 사고를 치다

130

유급했다, 날마다 놀다	집을 구하다, 룸메이트랑 자주 싸우다	?

N이/가 알아서 하다
N이/가 어떤 문제에 대해 스스로 잘 해결할 거라고 생각할 때

가 너 그거 아직도 안 했어? 다음 주까지 해야 하잖아.

나 너무 걱정하지 마. 내가 알아서 할게.

비자를 신청하다	여행 준비를 안 하다	?

그러다 말겠지(요).
다른 사람이 어떤 일을 곧 그만둘 거니까 걱정할 필요가 없다고 말하고 싶을 때

가 친구들이 애인이랑 헤어진 걸 알고 너무 걱정하는 것 같아. 조금 부담돼.

나 며칠 그러다 말겠지. 너무 신경 쓰지 마.

시험 점수가 나쁘다	집이랑 학교만 다니다	?

● 위에서 배운 표현을 사용해 아래 상황에 대해 이야기해 보세요.

- 시험 보는 날 결석한 후에 갑자기 열심히 공부하기 시작한 친구에 대한 대화
- 매일 늦게까지 놀다가 병원에 입원한 친구에 대한 대화
- 아르바이트에만 신경 쓰다가 여자 / 남자 친구와 헤어진 친구에 대한 대화

가 있잖아, 너 이야기 들었어? 마크가 말하기 시험 날 너무 늦게 와서 시험을 못 봤대.

나 으이구, 내가 그럴 줄 알았어! 맨날 지각하더니 이번에 사고 크게 쳤네.

가 중간시험 성적도 별로 안 좋다고 했는데 괜찮겠지?

나 마크가 알아서 하겠지.

가 그래야 할 텐데 요즘 점심도 안 먹고 공부하더라. 건강이 나빠질까 봐 좀 걱정돼.

나 놔둬, 그러다 말겠지. 너무 걱정하지 마.

실전 쓰기

분류하기 종류에 따라서 나눌 때

◉ 어떤 것을 어떤 기준으로 분류할 때에는 다음과 같은 표현을 사용합니다.

> • N1은/는   N2과/와 N3(으)로   나눌 수 있다 / 나누어진다
>   분류할 수 있다 / 분류된다
>
> • N1에는 N2이/가 있고, N3에는 N4이/가 있다.

◉ 아래 보기 와 같이 연습해 보세요.

보기

```
                    과일
                 ↙      ↘
        여름 과일           가을 과일
            ↙                  ↘
    수박, 포도, …          사과, 배, …
```

→ 과일은 여름 과일과 가을 과일로 나눌 수 있다. 여름 과일에는 수박, 포도 등이 있고 가을 과일에는 사과, 배 등이 있다.

1

```
                    운동
                 ↙      ↘
      혼자 하는 운동        같이 하는 운동
            ↙                  ↘
    수영, 요가, …          축구, 테니스, …
```

→ _____

_____

_____

_____

2

```
                대중교통 수단
                 ↙      ↘
     도로를 이용하는      도로를 이용하지 않는
       교통수단              교통수단
            ↙                  ↘
    버스, 택시, …          기차, 배, …
```

→ _____

_____

_____

_____

분류하다 | 교통수단

3 보기와 같이 분류해 보고 간단한 글을 써 보세요.

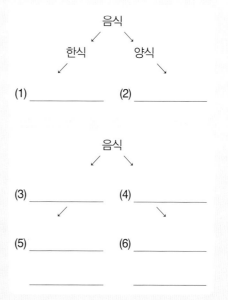

보기

→ 위의 음식은 몇 가지로 분류할 수 있다. 먼저, 한식과 양식으로 나누어진다. 한식에는 김치찌개, 비빔밥 등이 있고 양식에는 햄버거, 피자 등이 있다. 또 위의 음식은 식사와 후식으로 나눌 수 있다. 김치찌개, 피자 등은 식사로 먹지만 초콜릿, 아이스크림 등은 식후에 먹거나 간식으로 먹는다.

음식

한식   양식

(1) _____   (2) _____

음식

(3) _____   (4) _____

(5) _____   (6) _____

_____   _____

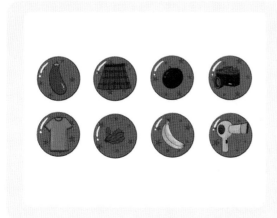

→ 위의 물건은 몇 가지로 분류할 수 있다. _____

_____

_____

_____

_____

양식 | 식후

CHAPTER

11

전통문화

- 알고 있는 한국의 예절이 있습니까?
- 다른 나라의 예절을 배워야 한다고 생각합니까?

문법 1

A/V-던데

> 한국에서 오래 살았잖아.

> 한국의 예절을 잘 알던데 비결이 뭐야?

! 과거의 경험으로 알고 있는 사실을 회상하며 질문하거나 권유·제안할 때 사용한다.

한국의 예절을 잘 **알던데**	비결이 뭐야?
↓	↓
과거의 경험으로 알고 있는 사실	질문, 권유 및 제안

- 강의 계획서를 보니까 다음 주에 시험이 **있던데** 같이 공부할래요?
- 아까 보니까 A반 수업이 **끝났던데** 전화해 보세요.
- 이번 학교 축제에 유명한 가수가 **온다고 하던데** 누구인지 알아요?
- 접수 기간이 **오늘까지던데** 서두르세요.
- 요즘 백화점이 **세일 기간이던데** 같이 갈래요?

연습

● 문장을 만들어 보세요.

(1) 두 사람이 같은 반이다 / 사이가 어떻다

→ _____

(2) 이 가게는 떡볶이가 맵다 / 다른 음식을 주문하다

→ _____

(3) 제주도가 여행하기 좋다고 하다 / 이번 방학에 같이 가다

→ _____

비결

1 보기 와 같이 이야기해 보세요.

보기 빈, 거의 매일 술을 마시다, 건강이 괜찮다　　　　네

빈 씨가 거의 매일 술을 마시던데 건강이 괜찮대요?

네, 괜찮대요.

(1) 올가 씨 휴대폰, 고장 났다, 수리는 받았다　　　　　아니요

(2) 첸, 중간시험을 잘 못 봤다, 기말시험은 열심히 준비하고 있다　　네

(3) 파비우, (　　　　　　　　　　), 잠은 잘 자다　　　　아니요

(4) 내일, 파티마 씨 생일이다, (　　　　　　　　　)　　　네

2 나의 경험을 생각하며 보기 와 같이 추천해 보세요.

보기

고향 친구들에게 선물을 하고 싶은데 무슨 선물을 하면 좋을까요?

제가 선물해 보니까 화장품을 좋아하던데 화장품을 선물하는 게 어때요?

| 고향 친구 – 선물 | 주말 – 여행지 | 쇼핑 – 장소 | 방학 – 드라마 |
| 집들이 – 음식 | 한국 생활 – 앱 | 여가 시간 – 할 일 | ? |

집들이

문법 2

A/V-기는(요)

요즘 공부하느라 힘들지요?

힘들기는요. 얼마나 재미있는데요.

> 주로 상대방이 말한 내용에 대해 부정의 의미로 대답할 때 사용한다. 상대방의 칭찬에 대해 겸손하게 대답할 때에도 쓴다.

가 요즘 공부하느라 힘들지요?	나 힘들기는요.

↓

부정

- 가 도와줘서 고마워요.
  나 **고맙기는요.** 당연히 도와야지요.
- 가 한국에서 오래 살았으니까 한국어를 잘하겠네요.
  나 **잘하기는요.** 아직 잘 못해요.
- 가 저 사람이 남자 친구야?
  나 **남자 친구기는.** 내 동생이야.

연습

◉ 문장을 만들어 보세요.

(1) 가 숙제를 다 했어요?

　나 _____. 아직 반도 못 했어요.

(2) 가 저 사람은 학생이지요?

　나 _____. 새로 오신 선생님이에요.

(3) 가 이 음식은 맵지 않겠지?

　나 _____. 여기 주의하라고 쓰여 있는데.

1 보기 와 같이 이야기해 보세요.

보기 | 카린 씨, 요즘도 아르바이트를 하다 | 힘들어서 그만뒀다

> 카린 씨는 요즘도 아르바이트를 하지요?

> 아르바이트를 하기는요. 힘들어서 그만뒀대요.

(1) 파비우 씨, 술을 잘 마시다   한 잔도 못 마시다

(2) 2급, 수업이 끝났다   오늘 시험이 있어서 늦게 끝나다

(3) 내일, 비가 오겠다   (   )

(4) 두 사람, (   )   그냥 친구 사이이다

2 우리 반 친구는 무엇을 잘합니까? 보기 와 같이 칭찬하고 또 친구의 칭찬에 겸손하게 대답해 보세요.

보기

> 발음이 정말 좋네요.

> 좋기는요. 아직 많이 부족한데요.

발음이 좋다	아직 많이 부족하다
글씨가 예쁘다	빈 씨 글씨가 훨씬 예쁘다
공책 정리를 잘하다	
한국의 예절을 잘 알다	

칭찬

140

대화

대화를 듣고 따라 읽어 보세요.

파비우 　엠마 씨, 제가 지하철을 타 보니까 비어 있어도 사람들이 앉지 않는 자리가
　　　　 있던데 왜 그런 거예요?

엠마 　　거기는 노약자를 위한 좌석이거든요.

파비우 　앉아 있다가 노약자가 탔을 때 일어나면 되지 않을까요? 젊은 사람들도
　　　　 힘들 때가 있잖아요.

엠마 　　누가 앉아 있다가 일어나면 자리를 양보 받는 사람이 부담스럽지 않을까요?

파비우 　아! 그 생각은 못했네요. 알려 줘서 고마워요. 엠마 씨는 한국 문화에 대해
　　　　 잘 알고 있는 것 같아요.

엠마 　　잘 알기는요. 저도 아직 모르는 게 얼마나 많은데요.

파비우 　저도 계속 한국에서 살다 보면 한국 문화에 대해 잘 알게 되겠지요?

엠마 　　그럼요, 파비우 씨도 자연스럽게 알게 될 거예요.

노약자 ｜ 좌석 ｜ 양보 ｜ 자연스럽다

어휘와 표현

1 다음 그림에 맞는 번호를 고르고 한국의 예절에 맞는지 표시하세요.

> ① 신발을 신고 들어가다   ② 고개를 돌리고 술을 마시다
> ③ 그릇을 놓고 밥을 먹다   ④ 주머니에 손을 넣고 인사하다

(1) (　), (○ / ✕)   (2) (　), (○ / ✕)   (3) (　), (○ / ✕)   (4) (　), (○ / ✕)

2 다음 단어와 의미가 맞는 것을 연결하세요.

(1) 예의 •
예의를 지키다

(2) 예절 •
식사 예절

(3) 남기다 •
메시지를 남기다

(4) 권하다 •
술을 권하다

(5) 어긋나다 •
기대에 어긋나다

(6) 겸손하다 •
겸손하게 행동하다

     • ㉮ 서로 맞지 않다

     • ㉯ 남아 있게 하다

     • ㉰ 예의를 표시하기 위한 구체적인 방법

     • ㉱ 다른 사람에게 무엇을 하라고 추천하다

     • ㉲ 상대방에 대한 존경을 표시하기 위한 태도, 마음

     • ㉳ 상대방을 존중하고 자신을 능력을 자랑하지 않다

오늘의 표현

V-(으)려면 (아직/한참) 멀었다   어떤 결과를 이룰 때까지 시간이 많이 필요할 때

- 유명한 화가가 되어 이름을 남기고 싶지만 꿈을 **이루려면 한참 멀었다**.
- 한국어와 한국 문화를 배우기 시작한 지 얼마 안 됐으니까 한국의 예절을 모두 **알려면 아직 멀었다**.

주머니

듣고 말하기 1

● 다음 중 예절에 어긋나게 행동한 사람은 누구라고 생각합니까? 그 이유는 무엇입니까?

Track 22

1 다음을 잘 듣고 대답해 보세요.

(1) 파비우는 왜 속상해합니까?

(2) 파비우가 한 예의가 없는 행동은 무엇입니까?

(3) 여러분이 알고 있는 한국의 식사 예절에는 또 무엇이 있습니까?

윗사람 | 자리 | 일부러 | 여쭤보다

듣고 말하기 2

Track 23

1 다음을 잘 듣고 질문에 답하세요.

(1) 한국에서 담배를 피울 때 주의해야 하는 것은 무엇입니까?

(2) 혼이 날 때 고개를 숙이고 들어야 하는 이유가 뭐라고 했습니까?

(3) 마크가 최근에 알게 된 예절은 무엇입니까?

(4) 엠마가 예의에 어긋나게 한 행동은 무엇입니까?

2 여러분의 생각을 이야기해 보세요.

(1) 한국의 예절 중에서 가장 이해가 되지 않는 것은 무엇입니까?
   그렇게 생각하는 이유는 무엇입니까?

> 저는 나이 차이가 한 살만 나도 형이나 누나로 부르고
> 높임말을 써야 하는 것을 이해할 수 없어요. 그렇게 하면 친해지기
> 어렵고 사이가 더 멀어지는 느낌이라 싫어요. 우리 나라처럼
> 몇 살 차이 정도는 그냥 편하게 반말을 하면 좋겠어요.

(2) 내가 이해할 수 없는 예절이라도 배우고 지켜야 한다고 생각합니까?

마주보다 | 혼이 나다 | 뭐라고 하다 | 반성하다 | 전달되다 | 사양하다 | 차이

● 여러분 나라의 예절은 한국과 무엇이 같고 무엇이 다릅니까?
간단하게 메모하고 친구들과 이야기해 보세요.

	한국	우리 나라
인사할 때		
술을 마실 때		
밥을 먹을 때		
집 안에 들어갈 때		
물건을 주고 받을 때		

- 여러분 나라에서는 명절에 무엇을 합니까?

- 나쁜 일이 생길까 봐 하지 않는 일이 있습니까?
  반대로 좋은 일이 생기기를 바라며 하는 일이 있습니까?

문법 1

V-(으)려다(가)

설 연휴에 뭘 했어요?

고향에 가려다가
여행을 다녀왔어요.

처음 세운 계획을 바꾸거나 계획한 대로 되지 않았을 때 사용한다.

고향에 **가려다가**　　　　여행을 다녀왔어요.

↓　　　　　　　　　↓

원래 계획　　　　　바꾼 계획

• 집에서 책을 **읽으려다가** 너무 더워서 카페에 갔어요.
• 혼자 **살려다가** 월세를 아끼기 위해 친구와 함께 살기로 했어요.
• 친구가 추천해 준 노래를 **들으려다가** 제목을 잊어버려서 못 들었어요.

연습

● 문장을 만들어 보세요.

(1) 반품을 하다 / 귀찮다 / 그냥 입기로 했다

→ _____

(2) 집까지 걷다 / 너무 힘들다 / 택시를 탔다

→ _____

(3) 비빔밥을 만들다 / 비가 오다 / 파전을 만들어 먹었다

→ _____

1 보기와 같이 이야기해 보세요.

보기 야식을 먹다 　　　　　　　　　　　 살이 찌다, 안 먹다

야식을 먹었어요?

아니요, 야식을 먹으려다가 살이 찔까 봐 안 먹었어요.

(1) 전화를 걸다 　　　　　　　　　　 못 알아듣다, 메시지를 보내다

(2) 주말로 예약하다 　　　　　　　　 사람이 너무 많다, 평일로 예약하다

(3) 그 사람에게 고백하다 　　　　　　 거절당하다, (　　　　　　　　　　　)

(4) 옷을 챙겨 오다 　　　　　　　　　 (　　　　　　　　), (　　　　　　　　)

2 계획했던 일을 바꿨던 적이 있습니까? 보기와 같이 이야기해 보세요.

보기

저는 어제 엠마 씨 생일 선물을 샀어요.

그래요? 저는 선물을 사려다가 특별한 선물을 주고 싶어서 케이크를 만들었어요.

계획했던 일	바꾼 계획
어제 엠마 씨 생일 선물을 사다	케이크를 만들다
이번 학기가 끝나고 돌아가다	6급까지 공부하기로 하다
주말에 도서관에서 시험 공부를 하다	
다음 방학 때 제주도로 여행을 가다	

거절당하다

148

문법 2

V-는 바람에

설 연휴 잘 보냈어요?

네, 그런데 음식을 많이 먹는 바람에 배탈이 났어요.

예상하지 못한 상황이나 원하지 않은 이유 때문에 예상하지 못했거나 원하지 않은 결과가 나타날 때 사용한다.

음식을 많이 **먹는 바람에**	배탈이 났어요.
↓	↓
원인, 이유	예상하지 못했거나 원하지 않은 결과

- 버스가 갑자기 **멈추는 바람에** 넘어졌다.
- 바람이 많이 **부는 바람에** 빨래가 떨어졌어요.
- 날씨가 갑자기 **추워지는 바람에** 감기에 걸렸어요.

연습

● 문장을 만들어 보세요.

(1) 길이 막히다 / 약속에 늦었다

→ _____

(2) 지하철에서 졸다 / 내려야 할 역을 지나쳤다

→ _____

(3) 수업을 제대로 듣지 않다 / 문법을 이해하지 못했다

→ _____

활동

1 보기 와 같이 이야기해 보세요.

보기 친구를 만나러 가다, 안 갔다   친구가 약속을 취소하다

친구를 만나러 간다고 하더니 왜 안 갔어요?

친구가 약속을 취소하는 바람에 안 갔어요.

(1) 이 영화를 봤다, 영화 내용을 모르다   영화를 보다가 잠이 들다

(2) 신청서를 거의 다 썼다, 아직 쓰고 있다   컴퓨터가 갑자기 꺼지다

(3) 오늘 모임에 꼭 오다, 안 왔다   (   )

(4) (   ), 집에 있다   비행기를 놓치다

2 예상하지 못하거나 원하지 않았던 결과가 생긴 적이 있습니까? 보기 와 같이 이야기해 보세요.

보기

약속을 지키지 못한 적이 있어?

응, 길이 막히는 바람에 약속에 늦은 적이 있어.

약속을 지키지 못하다	☑
가족이나 친한 친구와 다투다	☐
시험을 잘 못 보다	☐
학교에 지각하다	☐
	☐

대화

● 대화를 듣고 따라 읽어 보세요.

엠마　미안해요. 많이 기다렸지요?
　　　지하철을 <mark>타려다가</mark> 버스를 탔더니 길이 너무 막히더라고요.

빈　　괜찮아요. 엠마 씨를 기다리면서 첸 씨가 사 오라고 한 재료들을 모두
　　　샀어요. 이제 첸 씨 집으로 출발하기만 하면 돼요.

엠마　제가 늦게 <mark>오는 바람에</mark> 빈 씨 혼자 고생했겠네요.

빈　　고생하기는요. 명절을 반 친구들하고 함께 보낸다고 생각하니까 하나도
　　　힘들지 않던데요. 지난 연휴에는 고향에 <mark>가려다가 못 가는 바람에</mark> 심심하고
　　　외로웠거든요.

엠마　그럼 저한테라도 연락하지 그랬어요?

빈　　바쁠 것 같아서 연락을 못 했어요. 그래서 이번에 첸 씨가 같이 놀자고 했을
　　　때 얼마나 기뻤는데요. 오랜만에 명절을 명절답게 보낼 수 있을 것 같아요.

엠마　정말 다행이네요. 그럼 빨리 갈까요? 친구들이 기다리고 있을 거예요.

고생하다

어휘와 표현

1 다음은 한국의 풍습입니다. 그림을 보고 알맞은 번호를 쓰세요.

> ① 떡을 돌리다
> ② 차례를 지내다
> ③ 가래떡으로 떡국을 끓이다
> ④ 반달 모양으로 송편을 빚다

(1) (　　　) (2) (　　　) (3) (　　　) (4) (　　　)

2 다음 단어와 의미가 맞는 것을 연결하세요.

(1) 풍습 •
풍습이 전해지다

• ㉮ 기준, 조건에 맞게 조절하다

(2) 미신 •
미신을 믿다

• ㉯ 어떤 곳에서 밖으로 나가게 하다

(3) 줄다 •
인구가 줄다

• ㉰ 어떤 사회의 사람들이 습관처럼 하는 일

(4) 맞추다 •
안경을 맞추다

• ㉱ 이성적·과학적이지 않은 사실, 또는 그것을 믿는 것

(5) 쫓아내다 •
집에서 쫓아내다

• ㉲ 길이나 넓이, 수나 양이 원래보다 작아지거나 적어지다

오늘의 표현

> **V-아/어 왔다** 과거부터 시작해 현재까지 계속되고 있는 일을 말할 때
> ・오래전부터 **전해져 온** 풍습 중에 알고 있는 것이 있어요?
> ・한국 사람들은 옛날부터 설날에는 떡국을, 추석에는 송편을 **먹어 왔습니다.**

가래떡

읽고 말하기 1

● 다음 그래프가 의미하는 것은 무엇이라고 생각합니까?

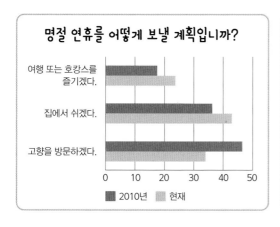

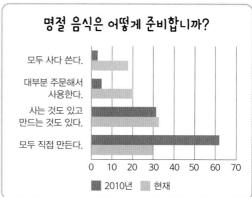

① 다음을 읽고 대답해 보세요.

'명절'에 대한 사람들의 생각은 어떻게 달라졌을까? 최근 발표된 조사 결과를 보면 명절 연휴 계획과 명절 음식 준비 방법 모두 과거와 크게 달라진 것을 확인할 수 있다. 명절 연휴 동안 고향을 방문하겠다고 대답한 사람이 2010년에는 48%였으나 최근에는 32%로 줄었다. 명절 음식 역시 2010년에는 직접 만든다는 사람이 62%였으나 최근에는 30%로 크게 준 것을 알 수 있다. 먹을 것이 부족했던 과거에는 명절이 맛있고 영양분이 풍부한 음식을 먹을 수 있는 기쁜 날이었으며, 차례를 지내고 집안 어른들과 친척들에게 인사를 드리는 특별한 날이었다. 하지만 식재료가 풍부해지고 가족이 줄면서 명절을 보내는 방법도 달라지고 있다. 최근에는 명절 연휴를 쉴 수 있는 휴가로 생각해서 음식 준비를 위해 시간을 보내고 싶어 하지 않게 되었다. 이렇게 사람들의 생각이 변화하면서 명절의 모습도 과거와 많이 달라지고 있다. 이런 변화에 대해 전통의 풍습이 사라져서 아쉽다고 생각하는 사람보다 시대의 변화에 맞는 당연한 결과라고 생각하는 사람들이 많아 앞으로도 명절의 모습은 계속 변화할 것으로 보인다.

(1) 명절의 모습은 어떻게 변화하였습니까?

　　　명절 연휴 동안 고향을 방문하겠다고 대답한 사람은 2010년보다 ＿＿＿＿＿＿＿＿＿.
　　　또한 명절 음식을 직접 만든다는 사람도 2010년과 비교했을 때 ＿＿＿＿＿＿＿＿＿＿.

(2) 이런 변화에 대한 사람들의 생각은 어떻습니까?

(3) 여러분 나라의 명절 모습도 변화하고 있습니까? 반드시 지켜져야 한다고 생각하는 풍습은 무엇입니까?

　　　　　　　　　　　　　　　　　　　　풍부하다 ｜ 식재료 ｜ 시대 ｜ 변화 ｜ 당연하다

읽고 말하기 2

● 다음은 떡에 대한 외국인들의 질문과 대답입니다.

Q 안녕하세요? 설날을 한국에서 처음 보내게 됐는데 한국인 친구가 설날에는 떡국을 꼭 먹어야 한다고 합니다. 어떤 의미가 있는지 궁금합니다.

A 한국에는 설날에 떡국을 끓여 먹는 풍습이 오래전부터 전해져 왔습니다. 떡국의 재료인 가래떡에 특별한 의미가 있기 때문입니다. 가래떡의 긴 모양은 오랫동안 건강하게 사는 것을, 하얀색은 밝은 미래를 나타냅니다. 그래서 한국 사람들은 떡국을 먹으며 새해에도 건강하고 원하는 일이 모두 이루어지기를 바랍니다.

Q 안녕하세요? 저는 얼마 전에 직장 동료에게 백설기를 받았습니다. 그런데 왜 갑자기 떡을 줬을까요?

A 백설기를 준 걸 보니까 아기가 태어난 지 100일이 된 모양이네요. 한국에서는 아기가 태어난 지 100일이 되는 날에 백설기를 맞춰요. 백설기는 아기가 100살까지 건강하고 행복하게 살기를 바라는 마음을 담고 있어요.

Q 안녕하세요? 저는 한국인과 결혼한 외국인입니다. 시어머니께서 이사를 하는 날 꼭 시루떡을 이웃들에게 돌려야 한다고 하십니다. 시어머니가 고집을 부리시는 바람에 떡을 돌리기는 해야 할 텐데 제가 요리 솜씨가 없어서 떡을 잘 만들 수 있을지 걱정이 됩니다.

A 요즘에는 보통 떡을 사다 먹으니까 걱정하지 마세요. 이사할 때 시루떡을 돌리는 이유는 팥 때문이에요. 팥의 붉은 색이 나쁜 것을 쫓아낸다고 믿거든요. 그래서 이사를 할 때뿐만 아니라 결혼을 할 때에도 시루떡을 나눠 먹어요. 마찬가지로 나쁜 것을 쫓아내려고 팥죽을 먹는 날도 있고요. 미신이라고 생각할 수도 있겠지만 좋은 의미가 있는 풍습이니까 이번에는 한번 시어머니 말씀대로 해 보시는 게 어떨까요?

---

1 질문에 답하세요.

(1) '가래떡'이 가지고 있는 특별한 의미는 무엇입니까?

(2) '백설기'는 언제 먹는 떡입니까? 또 먹는 이유는 무엇입니까?

(3) '팥'을 이용한 음식에는 무엇이 있습니까?

(4) 가래떡, 백설기의 '하얀색'과 시루떡, 팥죽의 '붉은색'이 의미하는 것은 무엇입니까?

2 여러분의 생각을 이야기해 보세요.

(1) 위의 글에 나온 '떡'과 같이 특별한 의미가 있는 음식이 여러분 나라에도 있습니까?

(2) 한국 떡의 색깔에는 특별한 의미가 있습니다. 여러분 나라에도 이렇게 특별한 의미를 가진 색깔이 있습니까?

(3) 다음의 행동은 한국 사람들이 하면 안 되는 행동이라고 생각하는 것입니다. 그 이유는 무엇일까요?

> • 빨간색으로 이름을 쓴다.
> • 심심할 때 다리를 떤다.
> • 시험 보는 날에 미역국이나 죽을 먹는다.
> • 남자 친구나 여자 친구에게 신발을 선물한다.

(4) 여러분 나라에도 위와 비슷한 것이 있습니까?

모양 | 나타내다 | 직장 | 동료 | 백설기 | 고집을 부리다 | 솜씨 | 팥 | 붉다 | 믿다 | 시루떡 | 떨다

생각해 봅시다

◉ 다음 어휘와 문법 중 잘 이해하고 있는 것에 표시(✔)하세요.

☐ 예의	☐ 일부러	☐ 풍습
☐ 예절	☐ 미신	☐ 양보
☐ 줄다	☐ 권하다	☐ 쫓아내다
☐ 사양하다	☐ 거절당하다	☐ 고집을 부리다

☐ 아까 보니까 어두운 얼굴로 **통화하던데** 무슨 일이 있어요?

☐ **가** 한국어를 진짜 잘하네요!

 나 잘하기는요. 잘하려면 아직 멀었어요.

☐ 요리를 **하려다가** 귀찮아서 배달을 시켰어요.

☐ 갑자기 급한 일이 **생기는 바람에** 약속을 취소했다.

☐ 예전부터 여행을 **갔던** 나라의 기념품을 **모아** 왔어요.

◉ 아래의 문장을 보고 보기 와 같이 이야기해 보세요.

식사 예의를 잘 몰라서 실수를 했어.

보기

이 문장에서는 식사를 할 때 지켜야 하는 구체적인 행동을 말하니까 '예의'는 좀 어색한 것 같아요.

맞아요. '식사 예절'이라고 말해야 할 것 같아요.

1 다음 중 단어가 어색하게 쓰인 문장이 없는지 친구와 이야기해 보세요.

(1) 출근 시간이 10시에서 9시로 줄었다.

(2) 갑자기 고백하면 사양할까 봐 고백하지 못 했어요.

(3) 친구가 아무 이유 없이 일부러 찾아와서 깜짝 놀랐다.

(4) 경기 중에 규칙에 어긋난 행동을 한 선수를 밖으로 쫓아냈다.

(5) 우리 아이가 추운 날씨에도 반바지를 입겠다고 고집을 부려서 큰일이에요.

2 다음 중 문법이나 표현이 어색하게 쓰인 문장이 없는지 친구와 이야기해 보세요.

(1) 제가 사진을 잘 찍던데 본 적 있어요?

(2) 한국어를 거의 1년 동안 배워 왔습니다.

(3) 현금으로 계산하려다가 현금이 없었어요.

(4) 공부를 열심히 하는 바람에 장학금을 받았어요.

(5) 백화점이 세일을 한다고 하던데 사람이 많아요.

(6) 친구와 오늘 만나려다가 너무 바빠서 주말에 만날 거예요.

(7) 가 한국 사람 다 됐네요. 모르는 게 없는 것 같아요.
　　 나 다 되기는요. 다 알려면 아직 멀었어요.

● 아래 그림을 보고 배운 문법과 표현을 사용해서 짧은 이야기를 만들어 보세요.

이 남자는 지난 주말에 여자 친구의 집에
인사를 갔다.

어휘 늘리기

● 다음 단어에 대해 알아보고 친구와 함께 질문에 대답해 보세요.

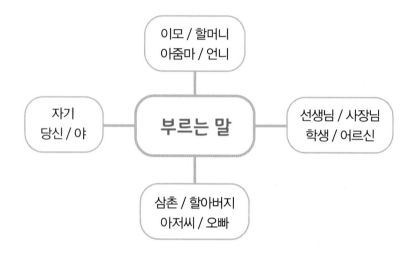

- 다음 상황에서 상대방을 부를 때 어떤 단어를 사용할 수 있을까요?

  (1) (   ), 주문할게요.

  (2) (   ), 제가 도와 드릴까요?

  (3) (   ), 우리 신혼여행은 어디로 갈까?

  (4) (   ), 홍대입구역에 어떻게 가는지 알아?

- 위의 문장에서 부를 수 있는 단어가 여러 개라면 단어마다 느낌은 어떻게 다른 것 같습니까?

● 다음 상황에서 상대방을 어떻게 불러야 합니까? 틀린 것을 바르게 고치세요.

> 보기 병원에 가서 진료를 받을 때
> "의사님, 약은 언제 먹으면 돼요?"
> → "'의사님'이 아니라 '의사 선생님'이라고 말해야 해요."

상황 1 여러 사람들 앞에서 발표할 때
"당신들은 어떻게 생각하십니까?"

상황 2 사장님이 직원을 부를 때
"김 씨, 내일은 일찍 출근하세요."

상황 3 부동산에서 집을 계약할 때
"주인님, 월세를 조정할 수 있을까요?"

● 다음 그림이 나타내는 말을 보기 에서 찾아보고 그 의미를 생각해 보세요.

보기
① 마음이 굴뚝같다   ② 설마가 사람 잡는다
③ 해가 서쪽에서 뜨다   ④ 더도 말고 덜도 말고 한가위만 같아라

1 보기 에서 알맞은 말을 찾아 번호를 쓰세요.

(1) 예상하지 못한 일이 일어나다   (   )

(2) 뭔가를 굉장히 하고 싶어하거나 원하다   (   )

(3) 항상 먹을 것이 많은 추석 같으면 좋겠다   (   )

(4) 괜찮을 것이라고 생각하는 데에서 문제가 생긴다   (   )

2 어떤 말을 쓸 수 있을까요? 빈칸에 알맞은 말을 쓰고 이야기해 보세요.

(1) 가 '_____'라고 하는 말을 들어 봤어요?
    나 네, 얼마 전 수업 시간에 '추석'을 '한가위'라고도 부른다는 걸 배웠거든요.

(2) 가 엄마, 친구들은 이번 명절 연휴에 다 여행을 간다고 하던데 우리도 여행을 가면 안 돼요?
    나 나도 _____ -지만 아빠가 허락 안 하실걸.

(3) 가 오늘 시험 본다고 미역국을 안 먹는 거야? 이런 건 다 미신이라서 믿지 않는다고 하더니
      오늘은 _____ -겠네.
    나 이번 시험은 진짜 중요하거든. 나도 이럴 줄 몰랐는데 걱정이 되니까 어쩔 수 없네.

(4) 가 올해 여자 친구 생일 선물은 이 구두로 해야겠다!
    나 구두를 선물한다고? _____ -ㄴ/는다고 구두 선물했다가 헤어지게 되면
      어떡하려고?
    가 에이, 난 그런 미신 안 믿어.

실전 말하기

| A/V-(ㄴ/는)단 말이다
N(이)란 말이다 | 그렇지 않아도 / 안 그래도 |
| | (사람 이름)아/야
(사람 이름)(이)가/는/를 |

Track 25

● 위에 나온 표현을 생각하면서 대화를 읽어 보세요.

> 가 미역국이 나왔는데 왜 안 먹어? 너 미역국 싫어해?
>
> 나 아니. 내가 미역국을 얼마나 좋아하는데. 그게 아니라 민아가 그러는데 시험 보는 날 미역국을 먹으면 시험에서 떨어진대.
>
> 가 에이, 그거 미신이야. 그렇지 않아도 내가 서준이한테 물어봤는데 미신이니까 믿는 사람도 있고 안 믿는 사람도 있댔어.
>
> 나 정말? 시험 보는 날 미역국을 먹는 사람도 있단 말이야?
>
> 가 그래. 그러니까 그냥 먹어. 미신이잖아.
>
> 나 그래도 절대로 안 먹을 거야. 이번 시험은 진짜 중요하단 말이야.

● 다음 표현을 사용해서 친구와 짧게 대화해 보세요.

| A/V-(ㄴ/는)단 말이다
N(이)란 말이다 | 다른 사람이 말한 것을 듣고 자신이 이해한 것이 맞는지 확인하려고 질문하거나 상황의 이유를 강조할 때 |

> 가 저 사람 나이가 20살이래요.
>
> 나 정말요? 그럼 나보다 동생이란 말이에요?

| 올해 크리스마스는
일요일이다 | 다음 주 월요일에
시험을 보다 | ? |

절대로

가	장학금을 받았다고 하던데 왜 생활비가 부족해?
나	아직 안 **들어왔단 말이야.** / 얼마 안 **됐단 말이야.**

오늘 시험이 끝났다, 또 도서관에 가다	학교 기숙사에 살다, 이사 갈 집을 구하다	?

그렇지 않아도 / 안 그래도 상대방이 말하거나 행동하기 전에 이미 생각해 두었다고 말할 때

가	내일이 시험이던데 공부 안 해?
나	**안 그래도** / **그렇지 않아도** 공부하려고 했어요.

접수 기간 (토픽 신청, 대학 지원 등)	한국의 풍습 (삼계탕, 떡 등)	?

**(사람 이름)아/야
(사람 이름)(이)가/는/를** 반말로 다른 사람의 이름을 부를 때

가	한국 친구를 만나면 하고 싶은 말이 있어요? 한번 해 보세요.
나	**유민아**, 우리 방학에 놀러 가자. **서준이도** 같이 가는 게 어때?

◉ 위에서 배운 표현을 사용해 아래 상황에 대해 이야기해 보세요.

- 시험에 떨어질까 봐 미역국을 안 먹는 친구와의 대화
- 빨간색 볼펜으로 이름을 쓰지 않으려고 하는 친구와의 대화
- 여자/남자 친구에게 신발을 선물하지 않으려고 하는 친구와의 대화

가	미역국이 나왔는데 왜 안 먹어? 너 미역국 싫어해?
나	아니, 나 미역국 좋아해. 그게 아니라 민아가 그러는데 시험 보는 날 미역국을 먹으면 시험에서 떨어진대.
가	에이, 그거 미신이야. 그렇지 않아도 내가 서준이한테 물어봤는데 미신이니까 믿는 사람도 있고 안 믿는 사람도 있댔어.
나	그래도 절대로 안 먹을 거야. 이번 시험은 정말 중요하단 말이야.

실전 쓰기

정리하기 앞의 내용을 모두 모아 한두 문장으로 나타낼 때

● 글을 정리할 때에는 다음과 같은 표현을 사용합니다.

즉 이와 같이 이처럼	+	앞부분을 요약한 내용	그러므로 따라서	+	−아/어야 한다. −(으)ㄴ/는 것이 좋다. −(으)ㄴ/는 것이 중요하다.

● 아래 **보기**와 같이 연습해 보세요.

> **보기** 한국에서는 고개를 숙이면서 인사하지만 미국에서는 악수를 한다. 미국 등 서양에서는 인사할 때 고개를 거의 숙이지 않지만 한국에서는 고개를 숙이지 않는 외국인을 보면 예의가 없다고 오해하기도 한다.
>
> → **즉**, 나라마다 인사하는 방법이 다르다. **그러므로** 그 나라에 가면 그 나라의 예절에 맞는 인사 방법을 사용해야 한다.

1

> 예약을 하면 자신이 원하는 시간에 시설이나 서비스를 이용할 수 있기 때문에 예약하는 사람이 많아지고 있다. 하지만 이렇게 예약 문화가 발달하면서 예약을 해 놓고 지키지 않는 사람들 때문에 문제가 생기고 있다. 예를 들어 식당을 예약해 놓고 가지 않으면 식당 주인은 같은 시간에 다른 손님을 받지 못할 뿐만 아니라 준비한 식재료를 낭비하게 된다. 또 그 예약 때문에 식당을 이용하지 못한 사람들에게도 피해를 주게 된다.

→ _____

_____

_____

낭비하다 | 피해

162

보기 　　혼자 하는 유학 생활은 돈이 많이 들고 외롭기 때문에 많은 유학생들이 룸메이트와 함께 살기로 결정한다. 함께 살면 월세도 절약할 수 있고 외롭지도 않을 거라고 생각하기 때문이다. 하지만 룸메이트가 약속을 어기고 집안일을 미루면 화가 나기도 하고 나와 생활 습관이 다르면 불만이 쌓이기도 한다. 이런 상황이 계속되면 룸메이트와 사이가 멀어지고 결국 따로 살게 된다.

→ **이와 같이 / 이처럼** 다른 사람과 함께 사는 것은 쉬운 일이 아니다. **따라서** 룸메이트와 사이좋게 지내려면 서로를 이해하고 양보하는 것이 중요하다.

❷ 　　많은 사람들이 다른 사람의 부탁을 거절할 때에 돌려서 말한다. 돌려서 말하면 다른 사람의 기분을 상하지 않게 할 수 있다는 장점이 있기 때문이다. 반면에 내 말 뜻을 오해해 시간이 오래 걸리거나 원하는 결과를 얻지 못할 수도 있다는 단점도 있다. 그래서 불만을 말할 때에는 직접적으로 말하는 것이 좋다. 돌려서 말하는 것에 비해서 시간을 낭비하지 않을 수 있기 때문이다. 그러나 다른 사람의 기분을 상하게 할 수 있기 때문에 사이가 멀어질 수도 있다.

→ _____

_____

_____

❸ 　　조사 결과 스트레스로 힘들어하는 대학생의 수가 점점 늘고 있는 것으로 나타났다. 그 이유로는 첫째, 고등학교 때와 다른 대학의 분위기에 적응하기 어려워서, 둘째, 취업에 대한 부담 때문에, 셋째, SNS의 다른 친구들과 비교하게 되면서 등이 있었다. 스트레스의 원인이 다양할 뿐만 아니라 한번 문제가 생기면 쉽게 해결되지 않기 때문에 심리 상담을 받지 않을 경우에는 우울증에 걸리거나 잘못된 선택을 할 수도 있다.

→ _____

_____

_____

CHAPTER

12

적성과 진로

- 다른 사람이 가진 능력을 부러워해 본 적이 있습니까?
- 어떤 목표를 위해서 열심히 노력해 본 경험이 있습니까?

V-(으)려던 참이다

편의점에 갈 건데 같이 갈래요?

좋아요, 저도 마침 음료수를 사러 가려던 참이었어요.

💡 지금 어떤 행동을 하려고 하거나 계획이 있었을 때 사용한다. 또는 그 행동을 하기 바로 전에 상대방이 같은 일을 하자고 했을 때도 사용한다.

저도 마침 음료수를 사러 **가려던** 참이었어요.

↓

지금 하려고 했던 일

- 마침 점심을 **먹으려던** 참인데 같이 먹으러 갑시다.
- 안 그래도 지금 **출발하려던** 참이에요.
- 그렇지 않아도 그 일에 대해 **이야기하려던** 참이었어.
- 가 지금 뭐해?
  나 **숙제하려던** 참이야.

연습

● 문장을 만들어 보세요.

(1) 가 이번 주말에 새로 나온 영화 보러 갈래요?

　　나 그 영화 / 보다

　　　→ 저도 _____

(2) 가 배고픈데 뭐 먹을 거 없나?

　　나 라면 / 끓이다

　　　→ _____ 너도 같이 먹을래?

(3) 가 여보세요? 어디야? 아직도 출발 안 했어?

　　나 지금 나가다

　　　→ _____

1 보기와 같이 이야기해 보세요.

보기 학교 근처에 식당이 새로 생겼다, 가 보다   예약하다

학교 근처에 식당이 새로 생겼는데 가 보지 그래요?

그렇지 않아도 예약하려던 참이었어요.

(1) 아까 힘들어 보이다, 좀 쉬었다가 하다   커피 한 잔 마시다

(2) 파비우 씨가 입원했다고 하다, 병원에 가 보다   전화해 보다

(3) 엠마 씨가 화가 많이 났다, 사과하다   (   )

(4) (   ), 고치다   A/S를 신청하다

2 내가 하려고 했던 일을 친구가 나에게 먼저 해 준 적이 있습니까? 보기와 같이 이야기해 보세요.

보기

제가 사용하던 머리핀이 부러져서 새로 사려던 참이었는데 친구가 생일 선물로 머리핀을 줬어요.

내가 하려고 한 행동	친구가 한 행동
머리핀을 새로 사려고 했다	친구가 생일 선물로 줬다
너무 피곤해서 커피를 마시려고 했다	친구가 커피를 내 것까지 사 왔다
떡볶이를 먹고 싶어서 주문하려고 했다	

머리핀

문법 2

A/V-(으)ㄹ 리(가) 없다

토픽 시험을 보는데 문제가
좀 쉬웠으면 좋겠어요.

중요한 시험인데
쉬울 리가 없어요.

💡 현재의 상황으로 볼 때 불가능한 사실이라는 의미로 상대방의 말을 믿지 않거나 의심할 때 주로 사용하고 반대로 상대방의 말에 동의할 때에도 사용한다.

중요한 시험인데	쉬울 리가 없어요.
↓	↓
상황 (이유)	불가능한 일 (믿지 않음.)

- 과학을 공부하는 사람이 **미신을 믿을 리가 있겠어요?**
- 시작한 지 30분밖에 안 됐는데 벌써 **끝났을 리가 없어요.**
- 한국말을 저렇게 잘하는데 **한국 사람이 아닐 리가 있겠어?**
- 아무리 비가 많이 와도 경기가 **취소될 리 없으니까** 걱정하지 마.

📋 'A/V-(으)ㄹ 리가 있겠어요?'
의 형태로도 사용된다.

연습

● 문장을 만들어 보세요.

(1) 여름 / 눈이 오다

→ _____

(2) 교과서 / 그렇게 비싸다

→ _____

(3) 두 시가 넘었다 / 수업이 안 끝났다

→ _____

활동

1 보기와 같이 이야기해 보세요.

보기   선생님, 이번 시험이 쉽다   시험은 항상 어려웠다

선생님께서 그러시는데
이번 시험은 쉽대.

시험은 항상 어려웠는데
이번 시험만 쉬울 리 있겠어?

(1) 뉴스, 버스 요금이 오르다   오른 지 얼마 안 됐다

(2) 내 친구, 이번 학기에 문화 체험을 안 가다   학기마다 문화 체험을 갔다

(3) 방송, 와인이 건강에 좋다   (   )

(4) 내가 읽은 책, (   )   (   )

2 보기와 같이 이야기해 보세요.

보기

열심히 공부해도 수업을 잘 안 들으니까
성적이 오를 리가 없지.

열심히 공부했지만 성적이 안 좋아서 고민하는 친구에게

운동을 하는데 살이 빠지지 않아서 고민하는 친구에게

한국 드라마를 많이 보는데 한국어 실력이 좋아지지 않아서 고민하는 친구에게

생활비를 아껴서 쓰는데 돈이 부족해서 고민하는 친구에게

좋은 음식을 챙겨 먹는데 건강이 나빠져서 고민하는 친구에게

대화

● 대화를 듣고 따라 읽어 보세요.

엠마 파비우 씨! 아직 집에 안 갔어요?

파비우 어, 엠마 씨! 안 그래도 지금 나가려던 참이었어요.

엠마 그래요? 그러면 우리 지하철역까지 같이 갈까요?

파비우 네, 좋아요.

엠마 이번 학기도 얼마 안 남았네요. 파비우 씨를 처음 만난 게 바로 엊그제
같은데…. 처음에는 한국에 온 지 얼마 안 돼서 자주 실수를 하더니 요즘은
한국 사람처럼 한국어를 잘하던데요!

파비우 잘하기는요. 중간시험 성적이 안 좋아서 유급할지도 모르겠어요.

엠마 에이, 절대 그럴 리 없으니까 걱정하지 마세요. 저는 오히려 파비우 씨가
장학금을 받을 것 같은데요? 장학금 받으면 맛있는 거나 사 주세요.

파비우 제가 장학금을 받을 리는 없을 것 같고… 4급에 진급하면 맛있는 거 살게요.

엊그제

어휘와 표현

1 다음 단어에 대해 알아보고 빈칸에 알맞은 말을 쓰세요.

> 도전   성공   실패   재능   최고

우리 나라 수영의 김태환 선수가 세계적인 선수들이 참가한 국제 대회에서 1위를 했다는 소식입니다. 김태환 선수는 몇 년 전부터 계속 이 대회에 참가하여 세계 (1) _____의 자리에 (2) _____을/를 해 왔지만 그때마다 (3) _____을/를 하면서 힘든 시간을 보냈다고 합니다. 그러나 (4) _____ 있는 선수의 (5) _____을/를 바라는 많은 사람들의 도움으로 세계 1위가 될 수 있었다며 감사의 인사를 전했습니다.

2 다음 단어와 의미가 맞는 것을 연결하세요.

(1) 타고나다 •
   건강을 타고나다

(2) 발휘하다 •
   실력을 발휘하다

(3) 뛰어나다 •
   기술이 뛰어나다

(4) 평범하다 •
   외모가 평범하다

(5) 꾸준하다 •
   꾸준히 노력하다

• ㉮ 재능이나 능력 등을 사용하여 보여 주다

• ㉯ 처음부터 끝까지 변하지 않고 계속

• ㉰ 남보다 나은 것 없이 보통이다

• ㉱ 능력, 성격 등을 가지고 태어나다

• ㉲ 남보다 훨씬 더 낫다

오늘의 표현

V-(으)ㄹ까 말까 하다 결정을 망설일 때

• 지금까지 여러 번 실패를 했기 때문에 다시 **도전할까 말까** 고민이 돼요.
• 저보다 뛰어난 사람이 많은 것 같아서 이번 대회에 **참가할까 말까** 생각 중이에요.

듣고 말하기 1

● 다음 분야에서 성공하기 위해서는 어떤 재능이 필요하다고 생각합니까?

Track 27

1 다음을 잘 듣고 대답해 보세요.

(1) 파비우와 카린은 영상 속 주인공이 왜 대단하다고 생각합니까?

(2) 파비우와 카린은 주인공이 성공할 수 있었던 이유가 뭐라고 생각합니까?

(3) 카린은 파비우에게 어떤 재능이 있다고 생각합니까? 그리고 무엇을 추천했습니까?

엄청나다 | 연주하다 | 먹방

듣고 말하기 2

Track 28

1 다음을 잘 듣고 질문에 답하세요.

(1) 다음의 의미는 무엇입니까?

- 노력 앞에 장사 없다

- 하늘은 스스로 돕는 자를 돕는다

(2) 남자의 주장과 그 주장의 근거는 무엇입니까?

→ 주장: _____

근거: _____

(3) 여자의 주장과 그 주장의 근거는 무엇입니까?

→ 주장: _____

근거: _____

(4) 여자는 노력을 강조한 책들이 인기가 있었던 이유가 무엇이라고 했습니까?

2 여러분의 생각을 이야기해 보세요.

(1) 여러분은 최고가 되기 위해서는 재능과 노력 중에서 무엇이 더 중요하다고 생각합니까?

(2) 재능과 노력 이외에 필요한 것은 무엇이라고 생각합니까?

(3) 다른 사람보다 뛰어난 자신의 재능은 무엇입니까?

흔히 | 장사 | 강조하다 | 천재 | 무책임하다 | 이기다 | 주장하다 | 연구
밝히다 | 대표적 | 법칙 | 심리학자 | 투자하다 | 한때 | 희망 | 확률

174

● 다음 직업을 가진 사람들에게 반드시 필요한 재능은 구체적으로 무엇입니까?
특별한 재능이 없어도 열심히 노력하면 최고가 될 수 있다고 생각합니까?

12-2 진로를 급하게 결정해 버리면 안 돼요

- 학창 시절에 무슨 수업이 가장 재미있었습니까? 싫었습니까?
- 어떤 직업이 나에게 잘 맞는다고 생각합니까?
  나는 어떤 일을 잘할 수 있을 것 같습니까?

문법 1

V-아/어 버리다

룸메이트와 싸웠다면서요?

네, 제가 사다 놓은 피자를 룸메이트가 말도 없이 먹어 버렸거든요.

❗ 어떤 일이 완전히 끝나서 남은 것이 없을 때 사용한다. 말하는 사람의 기분에 따라 일이 끝나 안타까운 마음을 표현할 수도 있고 반대로 시원한 마음을 표현할 수도 있다.

> 제가 사다 놓은 피자를 룸메이트가 말도 없이 **먹어 버렸거든요.**
>
> ↓
>
> 모두 끝나고 남은 것이 없음. (그래서 안타까움.)

- 생활비를 다 **써 버려서** 큰일이에요.
- 날씨가 너무 더워서 머리를 **잘라 버렸어요.**
- 친구가 화를 내서 나도 서운했던 것을 다 **말해 버렸다.**

연습

◉ 문장을 만들어 보세요.

(1) 너무 시끄럽다 / TV를 끄다

→ _____

(2) 너무 피곤하다 / 수업 시간에 잠이 들다

→ _____

(3) 준비를 많이 못 하다 / 시험에서 떨어지다

→ _____

1 [보기]와 같이 이야기해 보세요.

[보기] 비행기를 놓치다   늦잠을 자다, 일찍 일어나다

비행기를 놓쳤다면서요?

네, 늦잠을 자는 바람에
비행기를 놓쳐 버렸어요.
일찍 일어날 걸 그랬어요.

(1) 직장 선배에게 화를 내다   너무 뭐라고 하다, 참다

(2) 전화번호를 바꾸다   보이스 피싱을 당하다, 그 전화를 받지 말다

(3) 돈을 다 쓰다   (   ), 아껴 쓰다

(4) 엠마 씨의 비밀을 말하다   친구들이 하도 물어보다. (   )

2 고민하던 일을 해 버린 적이 있습니까? [보기]와 같이 이야기해 보세요.

[보기]

새로운 일을 시작하기 위해
회사에 그만둔다고
말해 버렸어요.

말할까 말까 고민하더니 드디어
말했어요? 정말 잘했네요.

새로운 일을 시작하다	회사에 그만둔다고 말하다
공부를 열심히 하다	인터넷을 끊다
영상을 찍다	비싼 카메라를 사다
전 남자 / 여자 친구를 잊다	선물 받았던 반지를 버리다

보이스 피싱

문법 2

V-(으)나 마나

처음 만들어 봤는데 맛있을지 모르겠네요.

먹어 보나 마나 맛있을 것 같은데요.

> 행동을 해도, 안 해도 결과가 같을 것이라고 추측할 때 사용한다. 이때 결과는 확실하게 추측할 수 있는 것이어야 한다. 어떤 행동을 해도 소용이 없을 것이라고 추측할 때에는 'V-(으)나 마나'를 사용하고, 행동을 해 보기 전에 결과를 추측할 수 있을 때에는 'V-아/어 보나 마나'를 사용한다.

먹어 보나 마나	맛있을 것 같은데요.
↓	↓
해도, 안 해도	결과가 같을 것이라고 추측

- 양이 적어서 **먹으나 마나** 소용없을 거예요.
- 고치지 못할 테니까 A/S 센터에 **가나 마나예요.**
- 딱 보니까 **입어 보나 마나** 저한테 작을 것 같아요.
- **확인해 보나 마나** 우리 팀이 이겼을 테니까 걱정하지 마세요.
- 좋아하는 아이돌 그룹의 신곡은 **보나 마나** 좋을 것 같다.

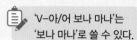 'V-아/어 보나 마나'는 '보나 마나'로 쓸 수 있다.

연습

● 문장을 만들어 보세요.

(1) 날씨가 덥다 / 창문을 열다 / 마찬가지이다

→ _____

(2) 인기가 많다 / 물어보다 / 여자 친구가 있을 것 같다

→ _____

(3) 이 단어는 유행어이다 / 사전을 찾아보다 / 없을 것이다

→ _____

신곡

1 보기 와 같이 이야기해 보세요.

보기 운동을 시작했다, 더 피곤하다   꾸준히 하다

운동을 시작했는데 더 피곤해요.

꾸준히 하지 않으면 운동을 하나 마나예요. 꾸준히 해 보세요.

(1) 돈을 벌다, 생활비가 부족하다   절약하다

(2) 에어컨을 켰다, 시원해지지 않다   창문을 닫다

(3) 약을 먹다, (　　　　　　)   시간을 지켜서 약을 먹다

(4) (　　　　　　), 문법을 이해할 수 없다   수업을 제대로 듣다

2 해 보기도 전에 결과를 알 수 있을 것 같은 일이 있습니까? 보기 와 같이 이야기해 보세요.

보기

생일 선물로 가방을 사 줄까 하는데 친구가 좋아할까?

보나 마나 좋아할 거야. 걱정하지 말고 그냥 사.

하려는 일	예상
생일 선물로 가방을 사 주다	좋아하다
바리스타 자격증을 따다	안 될 것이다
좋아하는 아이돌에게 SNS 메시지를 보내다	안 오다
학교 앞에 커피숍을 열다	망하다

대화

● 대화를 듣고 따라 읽어 보세요.

Track 29

엠마   첸 씨, 대학 설명회에 간다고 하더니 갔다 왔어요?

첸   아니요, 가나 마나일 것 같아서 그냥 안 갔어요.

엠마   그래도 가보지 그랬어요? 전공을 결정하는 데에 도움이 됐을 텐데요.

첸   전공은 고민하다가 그냥 사람들이 많이 선택하는 걸로 결정해 버렸어요.

엠마   뭐라고요? 진로를 그렇게 함부로 결정해 버리면 안 돼요. 부모님하고
이야기해 봤어요?

첸   이야기해 보나 마나 제가 하고 싶은 거 하라고 하실걸요. 저희 부모님은
제 결정이면 뭐든지 믿어 주시거든요.

엠마   그래도 첸 씨 미래에 대한 일인데 많이 고민해 보고 결정해야지요.
관심 분야가 뭔지 다시 한번 생각해 보세요. 한번 결정하면 적어도
대학 4년 동안 공부해야 되잖아요.

첸   그럼 한번 더 생각해 볼게요. 걱정해 줘서 고마워요.

어휘와 표현

1 다음 단어에 대해 알아보고 빈칸에 알맞은 말을 쓰세요.

| 과목 | 진학 | 취업 | 인문계 | 자연계 | 예체능계 |

공부 분야

(1)
_____

진로

(2)
_____

(3)
_____
문과
국어, 영어,
역사, 사회 등

(4)
_____
이과
수학, 과학
(생물, 물리 등) 등

(5)
_____
음악, 미술,
체육 등

(6)
_____

2 다음 단어와 의미가 맞는 것을 연결하세요.

(1) 보람 •
보람이 있다, 보람을 느끼다

(2) 영향 •
영향을 주다/받다

(3) 적성 •
적성에 맞다

(4) 진지하다 •
진지하게 생각하다

(5) 실망하다 •
결과에 실망하다

• ㉮ 어떤 일에 맞는 성격이나 능력

• ㉯ 어떤 것의 효과 등이 다른 것에 미치는 것

• ㉰ 태도나 성격이 가볍지 않고 성실하다

• ㉱ 기대하던 대로 되지 않아 마음이 상하다

• ㉲ 어떤 일을 한 후의 좋은 결과나 만족스러운 느낌

오늘의 표현

거의 다 V-아/어 가다 앞의 내용이 곧 끝날 때

• 계획했던 일이 **다 끝나 가서** 보람이 있다.
• 역사 시험이라 외울 사건이 많았는데 **거의 다 외워 간다.**

읽고 말하기 1

◎ 여러분은 어떤 과목을 공부할 때 자신과 잘 맞는다고 생각했습니까? 공부하면서 재미있었던 과목과 그렇지 않았던 과목에 대해 이야기해 보세요.

수학　　　영어　　　미술

① 다음을 읽고 대답해 보세요.

한국 학생들은 보통 고등학교에 갈 때에 진로에 대해 구체적으로 생각하게 된다. 한국의 고등학교가 졸업 후의 목적에 따라 크게 두 종류로 나누어지기 때문이다. 하나는 대학 입학을 위한 곳으로 2학년이 될 때 국어·역사 등의 과목을 좋아하는 학생들은 문과를, 수학·과학 등의 과목을 좋아하는 학생들은 이과를 선택한다. 다른 하나는 컴퓨터, 자동차 등에 대한 직업 교육을 받는 고등학교가 있다.

어떤 고등학교에 갈지 결정한 학생들은 진로가 거의 정해졌다고 생각한다. 하지만 고등학생이 되었다고 해서 진로에 대한 고민이 끝나는 것은 아니다. 대학에 가지 않겠다고 생각했던 학생들도 졸업할 때가 되면 정말 대학에 진학하나 마나인지, 대학 진학을 포기해 버려도 되는지 걱정한다. 반대로 대학에 가겠다고 생각한 학생들도 대학에서 무엇을 전공하는 것이 좋을지, 그것이 이후에 자신에게 어떤 영향을 줄지 고민한다.

(1) 위의 내용을 아래와 같이 정리해 보세요.

한국의 고등학교　(목적)　↗ ＿＿＿＿＿＿＿＿＿　(2학년) ↗ ＿＿＿＿＿＿
　　　　　　　　　　　　　　　↘ ＿＿＿＿＿＿
　　　　　　　　↘ ＿＿＿＿＿＿＿＿＿＿　예: ＿＿＿, ＿＿＿

(2) 대학교에 가면 어떤 과목을 공부할 수 있을까요? 대학교 홈페이지에 가서 어떤 전공이 있는지 확인해 보고 친구와 이야기해 보세요.

종류 | 문과 | 이과

읽고 말하기 2

● 다음은 진로 심리 검사에 대한 글입니다.

> 인터넷에 '진로 고민'을 검색해 보면 여러 사람들이 진로에 대해 고민하는 것을 볼 수 있다. 취직만 생각하고 전공을 결정해 버린 사람, 지금 하는 일을 계속할지 그만둘지 고민하는 사람, 좋아하던 분야의 일이 맞지 않아 실망한 사람 등이 모두 여기에 포함된다. 오래 고민해서 전공과 직업을 결정해도 사회생활을 하다 보면 자신의 진로에 대해 다시 생각하게 될 수 있다. 그렇기 때문에 학생 때부터 진로를 잘 선택하기 위해 노력해야 한다.
>
> 청소년들의 진로 결정을 돕기 위한 것으로 진로 심리 검사가 있다. 진로 심리 검사는 어떤 분야가 적성에 맞는지, 어떤 분야에 흥미가 있는지, 어떤 일에서 보람을 느끼는지 등을 알 수 있게 해 준다. 그런데 어떤 학생은 자신이 좋아하는 과목이나 자신이 잘하는 과목을 자신의 적성이라고 생각하고 그 과목과 비슷한 전공을 선택해 버린다. 몇 가지 질문에 대답한 결과보다는 지금까지 스스로가 경험하고 느낀 것을 믿는 것이다. 하지만 이렇게 자신의 경험과 느낌만으로 전공을 결정하는 것은 위험할 수도 있다. 중고등학교에서 배우는 과목은 많지 않고 대학의 전공이나 미래의 일은 그보다 훨씬 더 다양하기 때문이다.
>
> 진로 심리 검사는 학생들에게 자신의 적성과 스스로에 대해 진지하게 생각해 볼 기회를 제공한다. 동시에 그전에는 알지 못한 자신의 관심 분야를 찾을 수 있도록 도와준다. 미래에 자신이 어떤 일을 하면서 살고 있을지, 어떤 공부를 해야 그 일을 할 수 있을지 생각해 본 적이 없다면 이번 기회에 진로 심리 검사를 받아 보는 것은 어떨까? 또 진로를 결정했어도 세상이 변화한 만큼 나도 변했을 가능성이 있으므로 자신의 적성과 흥미 분야를 다시 확인해 보는 것은 어떨까?

1 질문에 답하세요.

(1) 사람들이 진로를 결정한 후에도 진로에 대해 고민하는 이유는 무엇입니까?

(2) 진로 심리 검사를 하면 무엇을 이해하는 데 도움이 됩니까?

(3) 진로 심리 검사의 장점은 무엇입니까?

2 여러분의 생각을 이야기해 보세요.

(1) 다음은 여러 분야의 사람들이 함께 일하는 곳입니다. 이곳에는 어떤 일을 하는 사람들이
있을까요? 그리고 그 일을 하려면 대학에서 무엇을 전공하는 것이 좋을까요?

연예인 기획사

디자인 회사

무역 회사

광고 회사

> 광고 회사는 사람들의
> 마음에 맞는 광고를 만들어야
> 하니까 그 일을 하려면 대학에서
> 심리학을 전공하는 게 좋을 것
> 같아요. 왜냐하면 …

(2) 여러분이 대학에 가기 위해 전공을 결정해야 한다면 어떤 전공을 선택하고 싶습니까?
그렇게 생각한 이유는 무엇입니까?

사회생활 | 흥미 | 이어지다 | 가능성 | 무역

생각해 봅시다

◎ 다음 어휘와 문법 중 잘 이해하고 있는 것에 표시(✓)하세요.

☐ 재능   ☐ 도전   ☐ 보람

☐ 영향   ☐ 흔히   ☐ 적성

☐ 발휘하다   ☐ 타고나다   ☐ 실망하다

☐ 진지하다   ☐ 무시하다   ☐ 엄청나다

☐ 친구에게 **전화하려던 참**이었는데 연락이 왔다.

☐ 그렇게 내성적이었던 친구가 **가수가 됐을 리 없**어요.

☐ 취업을 하지 않고 대학원에 **진학할까 말까** 고민 중이에요.

☐ 일하면서 공부하기 너무 힘들어서 회사를 **그만둬 버렸**어요.

☐ 비가 너무 많이 오니까 우산을 **쓰나 마나**예요.

☐ 이번 학기도 거의 다 **끝나 가**요.

◎ 아래의 문장을 보고 보기 와 같이 이야기해 보세요.

186

1 다음 중 단어가 어색하게 쓰인 문장이 없는지 친구와 이야기해 보세요.

(1) 70세의 나이에도 대학 입학에 도전하시는 할머니를 응원한다.

(2) 친구가 돈을 빌려달라는 말을 흔히 해서 요즘 좀 불편해요.

(3) '자식은 부모의 거울이다'라는 말은 부모의 영향이 그만큼 중요하다는 의미 같아요.

(4) 오늘은 중요한 날이니까 마음에 안 드는 것이 있어도 발휘하지 말고 좀 참아 주세요.

(5) 친구는 가벼운 농담을 했던 거였는데 제가 너무 진지하게 생각한 것 같아요.

2 다음 중 문법이나 표현이 어색하게 쓰인 문장이 없는지 친구와 이야기해 보세요.

(1) 커피를 마시나 마나 잠이 안 와요.

(2) 벌써 3시가 넘었는데 점심을 먹었을 리가 있겠어?

(3) 고향에 돌아갈까 말까 하다가 4급까지 공부하기로 했어요.

(4) 너무 보고 싶던 영화였는데 피곤해서 잠을 자고 말아 버렸다.

(5) 배가 고파서 편의점에 가려던 참이었는데 친구가 간식을 줬다.

(6) 주문하신 음식은 거의 다 돼 갔습니다. 잠시만 기다려 주세요.

(7) 중요한 시험인데 안 올 리가 없으니까 조금만 더 기다려 봅시다.

● 아래 그림을 보고 배운 문법과 표현을 사용해서 짧은 이야기를 만들어 보세요.

대학교 4학년 학생이에요. 그래서...

어휘 늘리기

● 다음 단어에 대해 알아보고 친구와 이야기해 보세요.

불-	비-	헛-	맨-
부정		근거 없는, 보람 없는	다른 것이 없는
불가능 불만족 불규칙 불필요 불확실 …	비과학적 비전문가 비현실적 비회원 …	헛고생 헛걸음 헛소리 헛소문 헛수고 …	맨땅 맨발 맨밥 맨손 맨얼굴 …

• 불가능한 일에는 어떤 것이 있습니까? 그 일을 할 수 있는 방법이 있습니까?

• 비과학적이지만 실제로 있다고 생각하는 게 있습니까?

• 지금까지 들었던 말 중에 헛소리라고 생각했던 말이 있습니까? 무엇이었습니까?

• 집에 맨밥밖에 없고 반찬을 하나만 먹을 수 있다면 무엇을 선택하겠습니까?

• 영화에서 본 장면 중에서 비현실적이라고 생각한 장면을 소개해 주세요.

• 헛고생했다고 생각한 적이 있습니까?

• 맨얼굴로 어디까지 갈 수 있습니까? 또 맨얼굴로 갈 수 없는 장소는 어디입니까?

• 불필요하지만 예뻐서 산 물건이 있습니까?

● 다음 그림이 나타내는 말을 보기 에서 찾아보고 그 의미를 생각해 보세요.

보기   ① 잘 자랄 나무는 떡잎부터 안다   ② 시간 가는 줄 모르다

       ③ 맨땅에 헤딩   ④ 피와 살이 되다

1 보기 에서 알맞은 말을 찾아 번호를 쓰세요.

(1) 주변의 도움을 받을 수 없는 새로운 일을 시도하는 것   (   )

(2) 어떤 일에 집중해서 시간이 어떻게 지났는지 모르다   (   )

(3) 큰 도움이 되다   (   )

(4) 잘될 사람은 어렸을 때부터 그런 가능성이 보인다   (   )

2 어떤 말을 쓸 수 있을까요? 빈칸에 알맞은 말을 쓰고 이야기해 보세요.

(1) 가 저 작가는 7살 때에도 전시회를 열었대.

    나 ＿＿＿＿＿＿＿＿＿＿＿ –(ㄴ/는)다고 하더니 진짜 대단하다.

(2) 가 해야 할 게 많아서 힘들면 하나쯤 그만두면 어때?

    나 공부도 아르바이트도 언젠가는 다 ＿＿＿＿＿＿＿＿＿＿＿ –(으)ㄹ 테니까 힘들어도 해야지.

(3) 가 시골에서 카페를 할 거라고? 망하는 카페가 얼마나 많은데! 너 거기 아는 사람은 있어?

    나 아니, 하지만 하고 싶은 일이란 말이야. 한동안은 ＿＿＿＿＿＿＿＿＿＿＿ 을/를 할 수도
    있겠지만 도전해 보려고.

(4) 가 아직도 하고 있어? 벌써 11시야.

    나 어? 벌써? 하다 보니까 ＿＿＿＿＿＿＿＿＿＿＿ –았/었어.

실전 말하기

A/V-(으)ㄴ/는 게 어디 있어(요)?	금손이다 / 똥손이다
N이/가 어디 있어(요)?	안 봐도 뻔해(요).

Track 30

◉ 위에 나온 표현을 생각하면서 대화를 읽어 보세요.

> 가 이거 내가 만든 쿠키야. 맛있게 먹어!
>
> 나 와, 맛있겠다! 안 그래도 뭘 먹으려던 참이었는데 고마워. 너 정말 **금손이구나**.
>
> 가 뭘. 이 정도는 너도 할 수 있어.
>
> 나 아니야, 나는 **똥손이라서** 보나 마나 못 할걸.
>
> 가 **못 하는 게 어디 있어**? 연습하면 누구든지 할 수 있는데.
>
> 나 아니, **안 봐도 뻔해**. 난 정말 재능이 없나 봐.
>
> 가 그럼 나랑 같이 쿠키 만드는 수업에 가 볼래?
>
> 나 좋지!

◉ 다음 표현을 사용해서 친구와 짧게 대화해 보세요.

A/V-(으)ㄴ/는 게 어디 있어(요)?	
N이/가 어디 있어(요)?	'그런 것은 없다'의 의미로 상대방의 말에 동의하지 않을 때

> 가 그건 불가능해요.
>
> 나 세상에 **불가능한 게 어디 있어요**?

가 아이고, 너무 많이 자 버렸네.

나 내일이 시험인데 잠을 열 시간이나 자는 사람이 어디 있어?

| 1인분은 아마 배달이 안 되다 / 한국에서 배달이 안 되다 | 처음이라서 못 하다 / 처음부터 잘하는 사람 | ? |

금손이다 / 똥손이다 손으로 이것저것 잘 만드는 사람을 칭찬할 때 / 시도는 해 보지만 손재주가 전혀 없는 사람을 말할 때

가 이거 제가 그린 그림이에요.

나 세상에! 진짜 금손이네요.

| 직접 만든 케이크 | 처음 만든 김치볶음밥 | ? |

안 봐도 뻔해(요). 보지 않아도 결과를 알 수 있을 정도로 확신할 때

가 첸이 왜 수업에 안 오지?

나 자고 있을걸. 안 봐도 뻔해.

| 친구를 만나러 간 남자 / 여자 친구가 전화를 안 받는다 | 친구가 울고 있다 | ? |

● 위에서 배운 표현을 사용해 아래 상황에 대해 이야기해 보세요.

- 쿠키를 잘 만드는 친구와 손재주가 없어서 못 한다는 친구의 대화
- 그림을 잘 그리는 친구와 그림을 배운 적이 없어서 못 한다는 친구의 대화
- 인터넷을 보고 김치 만들기에 성공한 친구와 실패할까 봐 도전 안 한다는 친구의 대화

가 이거 내가 만든 쿠키야. 어때?

나 와, 맛있겠다! 너 정말 금손이구나. 나는 똥손이라서 못 해.

가 못 하는 게 어디 있어? 연습하면 누구든지 할 수 있는데.

나 아니, 안 봐도 뻔해. 보나 마나 망할걸.

실전 쓰기

◉ 지금까지 배운 표현은 다음과 같습니다.

처음	주제 소개하기	→ N은/는 N(이)다
	정의하기	→ N은/는 N(이)라는, A-다는, V-(ㄴ/는)다는 뜻이다 말이다
중간	나열하기	→ 첫째, 둘째, 셋째 A/V-고, A/V-(으)ㄹ 뿐(만) 아니라, N(이)며, N 및 N, N 등
	예시하기	→ 예를 들어(서), 예를 들면
	가정하기	→ 만약 A-다면, V-는다면 -(으)ㄹ 것이다 A/V-았/었다면 A/V-았/었을 텐데
	과정 쓰기	→ 먼저 / 우선, 그다음에 / 그 후에, 마지막으로 V-기만 하면 되다
	비교·대조하기	→ N은/는 N과/와 A/V-(ㄴ/는)다는 점에서 같다/다르다, N에 비해(서), 반면에
	묘사하기	→ N처럼(같이), N 같다, A-아/어 보이다
	분류하기	→ N1은/는 N2과/와 N3(으)로 나눌 수 있다/나누어진다, N1에는 N2이/가 있고, N3에는 N4이/가 있다.
끝	정리하기	→ 즉, 이와 같이, 이처럼 → 그러므로, 따라서

◉ '돌려서 말하는 방법'을 주제로 지금까지 배운 내용을 정리하면 다음과 같습니다.

- 돌려서 말하는 것의 장점과 단점은 무엇입니까?
- 돌려서 말하는 것이 좋은 말하기 방법이라고 생각합니까?

처음	[정의하기]	돌려서 말하는 것 – 직접적으로 말하기 어려울 때 자신의 마음을 숨기고 이야기하는 방법
중간	[예시하기]	별로 친하지 않은 친구가 돈을 빌려 달라고 할 때
	[분류하기]	부탁을 거절할 때 사용할 수 있는 말하기 방법 – 돌려서 말하는 것, 직접적으로 말하는 것
	[가정하기]	직접적으로 말하다 – 기분 나빠하다 돌려서 말하다 – 기분이 상하지 않다

중간	[정의하기]	상대방의 기분이 상하지 않게 말하는 것 – 돌려서 말하는 것의 장점
	[분류하기]	돌려서 말하는 것의 단점 ① 상대방이 내 말의 뜻을 오해할 수 있다 ② 내가 원하는 것을 전달할 때까지 시간이 오래 걸리다
	[비교·대조하기]	반면에 직접적으로 말하는 것
	[나열하기]	내 말의 뜻을 오해하지 않을 수 있다, 시간을 절약할 수 있다
끝	[정리하기]	장단점이 있다 – 상황에 맞게 사용해야 한다

● 위의 표를 참고해서 '돌려서 말하는 방법'을 주제로 긴 글을 완성해 보세요.

처음	_____은/는 _____(이)다.
중간	**예를 들어** _____(으)ㄹ 때를 생각해 볼 수 있다. 이런 부탁을 거절할 때 사용할 수 있는 _____은/는 _____와/과 _____(으)로 나누어진다. **만약** _____(ㄴ/는)다면 _____(으)ㄹ 것이다. 이때 _____(ㄴ/는)다면 _____(으)ㄹ 것이다. 이렇게 _____(으)ㄴ/는 것은 _____(으)ㄴ/는 것의 장점이다. 하지만 돌려서 말하는 것에 장점만 있는 것은 아니다. '돌려서 말하는 것'의 단점은 크게 **두 가지로** 나눌 수 있다. **첫째,** _____ _____. _____ **둘째,** _____ _____ **반면에** _____은/는 _____에 비해(서) 원하는 것을 바로 전달할 수 있기 때문에 _____ **(으)ㄹ 뿐(만) 아니라** _____(으)ㄹ 수 있다.
끝	**이렇게** _____. **따라서** _____ **(으)ㄴ/는 것이 중요하다.**

부록

정답

CHAPTER 7

외국어 학습

7-1 유학을 왔으니까 열심히 공부해야지요

문법 1

- (1) 한국어 수업을 듣잖아요.
  (2) 내일 홍대에서 만나기로 했잖아요.
  (3) 외국어잖아요.

문법 2

- (1) 모임에 못 갈 것 같으면 친구에게 미리 연락해야지요.
  (2) 문법이 어려우면 질문을 했어야지요.
  (3) 다음 학기에도 한국어를 배우고 싶으면 결석하지 말아야지요.

어휘와 표현

1. (1) 지쳐서
   (2) 상상해 보세요
   (3) 헷갈릴
   (4) 이루기
   (5) 뿌듯해요

2. (1)—ⓓ   (2)—ⓔ   (3)—ⓒ
   (4)—ⓑ   (5)—ⓐ

듣고 말하기 1

1. (1) 얼마나 공부해야 한국어를 잘할 수 있을지 걱정이다.
   (2) 한국어를 잘하게 된 자신의 모습

듣고 말하기 2

1. (1)

표현	비슷한 문법과 표현이 많다.
단어	같은 단어인데 의미가 많아서 무슨 뜻인지 이해하기 어렵다.
높임말	높여 써야 하는 단어가 있다. 반말이 아니지만 어른들께 쓰면 예의 없는 표현이 있다.
호칭	호칭이 많아서 헷갈린다.

(2) 선생님께 '밥을 먹으러 갑시다'라고 말했다.

7-2 저도 이런 생각을 하게 될 줄 몰랐어요

문법 1

- (1) 오후에 비가 올 줄 몰랐다.
  (2) 오늘 단어 시험을 보는 줄 몰랐다.
  (3) 저분이 우리 학교 선생님인 줄 몰랐다.

문법 2

- (1) 이 음악은 들으면 들을수록 좋아진다.
  (2) 휴대폰은 기능이 많으면 많을수록 비싸다.
  (3) 그 배우는 보면 볼수록 잘생겼다.

어휘와 표현

1. (1) 관심을 가지다   (2) 지원하다
   (3) 교육을 받다   (4) 수료하다
   (5) 활동하다

2. (1)—ⓔ   (2)—ⓐ   (3)—ⓒ
   (4)—ⓑ   (5)—ⓓ

읽고 말하기 1

1. (1) 글을 다른 언어로 바꾸는 일
   문학, 영화, 드라마, 웹툰 등을 번역할 수 있다.
   (2) 그 나라의 문화에 대한 이해와 다양한 배경 지식

읽고 말하기 2

1. (1) 프랑스 사람으로 4년 전에 홍익대학교 국제언어
   교육원에서 1년 동안 한국어를 공부했고 지금은
   웹툰 번역가로 일하고 있다.
   (2) 한국어를 사용할 수 있는 일을 하고 싶어서
   (3) 드라마나 영화 번역

7-3 한 단계 오르기

생각해 봅시다

1. (2) 친구 생일에 선물하고 같이 ~~제공하려고~~
   →   주려고
   한국어로 축하 카드를 썼어요.

   (3) 내 동생은 먹을 것에 ~~악옥~~이 많아서
   →   욕심
   음식을 나눠주지 않는다.

2. (1) ~~따뜻한 음식이 잘 팔릴수록 날씨가 추워져요.~~
   → 날씨가 추울수록 따뜻한 음식이 잘 팔려요.

   (3) 내일 수업이 일찍 ~~끝났잖아.~~ 끝나고 뭐 할 거야?
   →   끝나잖아.

   (4) 오후에 비가 올 줄 몰라서 우산을 ~~가져고~~ 왔어요.
   →   안 가지고

   (6) 건강을 위해서 아무리 바빠도 아침에 밥을
   ~~먹거도 해요.~~
   → 꼭 먹어요. / 먹어야 해요.

어휘 늘리기

1. (1) ②   (2) ①   (3) ④   (4) ③

2. (1) 앓는 소리를 해?
   (2) 갈 길이 머네.

(3) 입 안에서 뱅뱅 돌고.
(4) 눈에 띄게

실전 쓰기

1.
> 연필과 볼펜은 글을 쓸 때 사용한다는 점에서
> 는 같다. 반면에 연필은 지울 수 있지만 볼펜은
> 지울 수 없다는 점에서 다르다. 또 연필은 색깔이
> 한 가지이지만 볼펜은 여러 가지 색깔이 있다는
> 점에서도 다르다.

2.
> 택시와 버스는 사람들이 자주 이용하는 교통
> 수단이다. 택시는 사람들이 돈을 내고 이용한다.
> 버스도 택시와 마찬가지로 이용할 때 돈을 내지만
> 택시에 비해서 싸다. 택시는 원하는 곳으로 부를
> 수 있고 내리는 곳을 마음대로 정할 수 있다. 반면에
> 버스는 원하는 곳으로 부를 수 없고 마음대로 내리
> 는 곳을 정할 수 없다는 점에서는 택시와 다르다.

CHAPTER 8
소식과 정보

8-1 뉴스에서 그 소식이 나오던데요

문법 1

- (1) 빈 씨가 사진을 잘 찍던데요.
  (2) 요즘 인기 있는 드라마가 재미있던데요.
  (3) 첸 씨의 시험 점수가 80점이던데요.
  (4) 그 가수의 새 앨범이 나왔던데요.

문법 2

- (1) 도서관에서 책을 빌린 지 하루 만에 다 읽었다.
  (2) 등산을 시작한 지 4시간 만에 정상에 도착했다.
  (3) 토픽 시험을 준비한 지 1년 만에 3급에 합격했다.

어휘와 표현

1. (1) 정치   (2) 연예
(3) 사회   (4) 스포츠
(5) 국제   (6) 경제
(7) 문화

2. (1)–㉯   (2)–㉮
(3)–㉣   (4)–㉰

듣고 말하기 1

1. (1)

언제	어디에서	
오늘 새벽	마포구의 한 원룸 빌딩에서	
무슨 일이 일어났는데	누가	어떻게 했나?
큰불이 났는데	20대 청년이	사람들을 구했다

(2) 자고 있는 사람들을 깨우기 위해서 (사람들을 구하기 위해서)

듣고 말하기 2

1. (1) 불이 난 건물에서 사람들을 많이 구했다.
(2) 나쁜 뉴스를 보면 기분이 안 좋아지고 스트레스를 받기 때문에
(3) 정보가 중요한 세상에서 다른 사람들이 다 알고 있는 정보를 나만 몰라서 문제가 될 수도 있기 때문에

8-2 안 쓰는 물건을 팔려고 인터넷에 올려 놓았어요

문법 1

- (1) 방이 어두워서 불을 켜 놓았다/두었다.
(2) 여권을 만들려고 사진을 찍어 놓았다/두었다.
(3) 여행을 가려고 호텔을 예약해 놓았다/두었다.

문법 2

- (1) 옷을 입고 보니까 뭐가 묻어 있었다 / 묻어 있더라고요.
(2) 책을 빌리고 보니까 지난번에 읽었던 책이었다 / 책이더라고요.
(3) 택배를 뜯고 보니까 옆집 택배였다 / 택배더라고요.

어휘와 표현

1. (1) 거래   (2) 구매
(3) 판매   (4) 결제
(5) 상품

2. (1)–㉯   (2)–㉰
(3)–㉮   (4)–㉱
(5)–㉣

읽고 말하기 1

1. (1) 방에 어울리지 않아서
(2) 판매하는 사람이 물건을 문 앞에 놓아 두면 편한 시간에 가져가는 거래 방법

읽고 말하기 2

1. (1) 같은 동네에 살고 있는 이웃과의 중고 거래를 도와주는 서비스
(2) • 사기를 당할 위험이 적다
• 물건의 상태를 확인할 수 있다
• 개인 정보를 알려주지 않아도 된다
(3) 가까운 동네 이웃들과 정보를 공유하고 교류할 수 있다

8-3 한 단계 오르기

생각해 봅시다

1. (1) 뉴스에서 아나운서가 사고 ~~소문~~을 전했다.
     →   소식

(3) 방학에 부산 여행을 가려고 여행 후기를 ~~썼다.~~
→   찾아봤다

(5) 판매자가 올린 사진만 보고 돈을 보낼 뻔했는데
사기를 ~~당해서~~ 정말 다행이었다.
→ 당하지 않아서

2. (1) ~~저는~~ 수업 끝나고 도서관에 가던데요.
→ 친구는

(3) 고향에 1년 ~~만에~~ 못 갔어요. /
고향에 1년 만에 못 갔어요.
→   동안

(4) 비가 오는데 ~~창문어 열려 놓아서~~ 빨리 가야 돼요.
→   창문을 열어 놓아서 /
창문이 열려 있어서

(5) 돈이 많으면 걱정이 없을 거라고 생각했는데
돈이 ~~많고 보니까~~ 그렇지도 않아요.
→ 많아지고 보니까 / 돈을 많이 벌고 보니까

(6) 다리 아플 텐데 ~~의자에다가~~ 앉으세요.
→   의자에

1. (1) ③   (2) ②   (3) ④   (4) ①

2. (1) 쏜살같이
(2) 소리 소문도 없이
(3) 입소문이 나서
(4) 싼 것이 비지떡이야

실전 쓰기

1.

> 누가: 대학생 A 씨가
> 언제: 어제 저녁에
> 어디에서: 상수역 앞에서
> 무엇을: 교통사고를
> 어떻게: 크게 당했다
> 왜: 배달 오토바이가 휴대폰을 보면서 달렸기
>   때문에

2.

> 서울시는 지난 토요일 한강 여의도 공원에서
> 일상에 지친 시민들에게 즐거움을 주기 위해서
> 서울 세계 불꽃 축제를 3년 만에 열었다.

CHAPTER **9**

일상의 문제

9-1 체했을 때는 음식을 먹지 못하게 하세요

문법 1

- (1) 의사가 환자를 살렸다.
(2) 내가 친구에게 가족사진을 보여 줬다.
(3) 미용사가 손님의 머리를 감긴다.

문법 2

- (1) 친구가 나를 항상 기다리게 한다.
(2) 선생님이 학생들에게 숙제를 꼭 하게 하신다.
(3) 의사가 환자에게 담배를 못 피우게 한다.

어휘와 표현

1. (1) 체하다, 토하다
(2) 찢어지다, 꿰매다
(3) 삐다, 붓다
(4) 부러지다, 깁스를 하다
(5) 베이다, 소독하다

2. (1)-⑪   (2)-㉣
(3)-㉮   (4)-㉯
(5)-㉰

듣고 말하기 1

1. (1) 아이가 갑자기 숨을 못 쉬어서

(2) 아이의 얼굴이 갑자기 빨개지더니 입 주위가
    붓고 기침을 심하게 했다. 그리고 지금은
    숨쉬기도 힘들어한다.

(3) 아이를 바닥에 눕히고 호흡을 확인한다.

듣고 말하기 2

1. (1) 심폐 소생술 하는 법

   (2) 응급 상황에 할 수 있는 응급 처치 방법

   (3) • 뜨거운 물에 데었을 때   (나), (다)
       • 베이거나 찢어졌을 때   (나), (가)
       • 삐거나 부러졌을 때   (마), (라)

9-2 화면이 안 나오면 전원을 껐다가
    다시 켜 보세요

문법 1

● (1) 한국 음식은 아무 음식이나 / 아무거나 좋아한다.

  (2) 교실에 아무것도 / 아무도 없다.

  (3) 특별한 물건은 아무 가게에서나 /
      아무 데서나 안 판다.

문법 2

● (1) 모자를 썼다가 더워서 벗었다.

  (2) 그림을 그렸다가 마음에 안 들어서 지웠다.

  (3) 식당에 갔다가 자리가 없어서 돌아왔다.

어휘와 표현

1. (1) 액정이 깨지다

   (2) 얼음이 녹다

   (3) 화면이 안 나오다

   (4) 온도 조절이 안 되다

   (5) 충전이 안 되다

2. (1) 켜다/끄다

   (2) 틀다/잠그다

   (3) 꽂다/뽑다

읽고 말하기 1

1. (1) 제품을 사용하는 고객을 위해 만든 문서
       제품의 기능이나 사용법, 제품의 장점 등

   (2) 고객들은 제품에 문제가 생겼을 때 서비스 센터
       등을 이용해 해결하는 것보다 먼저 스스로 해결
       하는 것을 원하기 때문에

읽고 말하기 2

1. (1) 제품 사용 설명서를 읽어 본다.

   (2) TV 스피커로 설정해야 한다.

   (3) 환기를 잘 해야 한다.

   (4) 설정 온도를 실내 온도보다 낮게 설정하고
       창문을 닫아야 한다.

   (5) 음식은 뚜껑을 덮어서 넣는다.

9-3 한 단계 오르기

생각해 봅시다

1. (1) 제품을 사용하시면서 궁금한 점이 있으면
       언제든지 ~~신고하세요~~. 잘 설명해 드리겠습니다.
       →   연락하세요

   (2) 동생이랑 싸우다가 교과서가 찢어졌는데 엄마가
       테이프로 ~~꿰매 주셨다~~.
       →   붙여 주셨다.

2. (1) 운동을 하려고 가까운 거리는 버스 대신
       자전거를 ~~태우고~~ 다녀요.
       →   타고

   (2) 우리 언니는 어릴 때부터 자기 물건을
       ~~사용하지 않게~~ 했어요.
       → 사용하지 못하게

   (4) 도서관에 ~~갔다가~~ 오늘이 쉬는 날이라는
       →   가려고 했는데
       말을 듣고 안 갔다.

   (5) 이건 비밀이니까 ~~아무한테나~~ 말하면 안 돼.
       →   아무한테도
       너만 알고 있어.

(6) 제가 <del>아무 때도</del> 연락하지 말라고 말씀드렸잖아요.
  → 아무 때나

1. (1) ① (2) ③ (3) ④ (4) ②

2. (1) 손을 봤는데
(2) 씻은 듯이 나았어요.
(3) 입에 쓴 약이 몸에 좋대.
(4) 마이너스의 손답다.

1.
> 지금 엄마가 아이에게 옷을 **입히고 있다.** 아이는 바닥에 **누워 있는데**, 얼굴이 **인형처럼 귀엽고** 피부가 **눈처럼 하얗다.** 웃는 얼굴이 **천사 같다.**

2.
> 내 방에는 책상, 의자, 침대, 옷장, 책장, 창문이 있다. 책상 앞에는 큰 창문이 있고 그 옆에는 책장이 있다. 벽에는 그림이 **걸려 있다.** 내 방은 **도서관같이 조용하고 카페처럼 예쁘다.**

3.
> 사무실에 어떤 여자가 책상 앞에 앉아 있다. 그 여자는 손으로 머리를 잡고 있는데 힘들어 보인다. 책상 위에는 할 일이 **산처럼 쌓여 있다.**

CHAPTER **10**
생활 습관

10-1 빈 씨가 예전에는 대충 먹더니 요즘에는 잘 챙겨 먹네요

● (1) 동생이 늦게까지 친구와 놀더니 늦잠을 잤다.

(2) 친구가 내 이야기를 듣더니 웃었다.
(3) 작년에는 여름에 많이 덥더니 올해는 별로 안 덥다.

● (1) 아마 도서관에 갔을걸요.
(2) 아마 어려울걸요.
(3) 아마 학생일걸요.

1. (1)-㉣ (2)-㉡
(3)-㉠ (4)-㉢

2. (1) 건강에 좋은, 바람직한
(2) 몸에 나쁜
(3) 규칙적으로 먹다, 제때 먹다
(4) 적당히 먹다
(5) 천천히 먹다
(6) 골고루 먹다
(7) 제대로 먹다, 잘 챙겨 먹다
(8) 편식하다, 가려 먹다
(9) 급하게 먹다, 빨리 먹다
(10) 대충 먹다
(11) 과식하다
(12) 영양분을 섭취하다

1. (1) 냉동식품
(2) 살을 빼려고

1. (1) 바람직한 식습관에 대해 알아보고 좋은 습관을 기를 수 있기를 기대한다.

(2)

발표자	발표 주제	내용
마크	(지중해식) 식단	• 정의: 지중해 지역의 전통적인 식습관 • 시작된 곳: 스페인, 이탈리아, 그리스 근처 • 방법: 가공하지 않은 식품을 주로 먹고 단백질은 지방이 적은 고기와 해산물로 섭취한다. • 장점: 체중을 유지하고 정신 건강을 지키는 데에 도움이 된다.
카린	건강하게 먹는 방법	• 방법: 규칙적으로 적당한 양의 음식을 천천히 먹는다. • 간단한 실천 방법: 자신의 식사량에 맞는 그릇을 준비해서 거기에 담긴 음식만 잘 씹어 먹는다.

10-2 혼자 사는 만큼 건강을 잘 챙겨야 할 텐데요

문법 1

- (1) 매일 수업을 듣는 만큼 외워야 하는 단어가 많다.
  (2) 고향이 먼 만큼 비행기 값이 비싸다.
  (3) 이 친구만큼 나와 성격이 잘 맞는 사람은 없다.

문법 2

- (1) 준비한 음식이 부족하지 않아야 할 텐데 어떨지 모르겠어요.
  (2) 카린 씨가 원하는 집이 있어야 할 텐데 걱정이에요.
  (3) 이번에는 합격해야 할 텐데요.

어휘와 표현

1. (1) 상체　　　　　　　(2) 손목

(3) 발목　　　　　　　(4) 엉덩이
(5) 허벅지　　　　　　(6) 무릎

2. (1) 발을 벌리다　　　　(2) 발을 모으다
(3) 손을 들어 올리다　(4) 손을 내리다
(5) 팔을 굽히다　　　　(6) 팔을 펴다
(7) 숨을 들이마시다　　(8) 숨을 내쉬다

읽고 말하기 1

1. (1) 실내 농구장에서 친구와 농구를 했다.
(2) 처음에는 친구의 말이 마음에 들지 않았지만 나중에는 고맙다고 생각했다.

읽고 말하기 2

1. (1) 오래 앉아 있는 시간이 길기 때문에
(2) 학생들이 건강한 생활 습관을 기를 수 있도록 돕기 위해서
(3) ① (마)　　　　　② (라)
③ (바)　　　　　④ (다)
⑤ (가)　　　　　⑥ (나)

10-3 한 단계 오르기

생각해 봅시다

1. (1) 건강을 위해서 음식을 태충 먹는 사람이 점점
→　　　　　　잘 챙겨 / 제대로
늘고 있다.

(3) 카린은 바람직한 식습관을 가지고 있어서 평소에도 편식을 하는 편이다.
→　음식을 골고루 먹는

(4) 같은 자세로 오래 있어서 목이 아플 때에는 목을 천천히 뿔라면 좋습니다.
→　돌리면

2. (1) 저는 이미 숙제를 끝냈을걸요.
→ 카린 씨는
저는 이미 숙제를 끝냈을걸요.
→　　　　　끝냈어요

(2) 내일은 시험인데 마크 씨가 지각을 ~~해야 할 텐데요~~.
  → 　　　　　　　　　하지 말아야 할 텐데요 /
  　　　　　　　　　하지 않아야 할 텐데요.

(3) 매일 냉동식품만 먹으니까 건강해지기는
  ~~틀릴 거야~~.
  → 틀렸어

(4) 그 일은 ~~일할~~ 만큼 돈을 벌 수 있어서 좋아요
  → 　　　일한

(5) 학교 앞에 새로 생긴 식당에 ~~커다니~~ 사람이
  → 　　　　　　　　　갔더니
  많더라고요.

어휘 늘리기

1. (1) ② 　　(2) ① 　　(3) ④ 　　(4) ③

2. (1) 두 손 두 발 다 들었어.
　(2) 옆구리가 시린가 보네.
　(3) 양다리를 걸치고
　(4) 발 디딜 틈이 없네.

실전 쓰기

1.
> 운동은 혼자 하는 **운동**과 같이 하는 **운동**으로 나눌 수 있다. 혼자 하는 **운동**에는 수영, 요가 **등이** 있고 같이 하는 운동에는 축구, 테니스 **등이** 있다.

2.
> 대중교통 수단은 도로를 이용하는 **교통수단**과 도로를 이용하지 않는 **교통수단**으로 **나눌 수 있다.** 도로를 이용하는 **교통수단**에는 버스, 택시 **등이** 있고 도로를 이용하지 않는 **교통수단**에는 기차, 배 **등이** 있다.

3.
> (1) 김치찌개, 비빔밥
> (2) 햄버거, 피자
> (3) 식사
> (4) 후식
> (5) 김치찌개, 피자
> (6) 초콜릿, 아이스크림

> 먼저 **음식과 물건**으로 나눌 수 있다. 음식에는 사과, 바나나 등이 있고 물건에는 치마, 카메라 등이 있다. 또 위의 물건은 색깔로 분류할 수 있다. 사과, 카메라 등은 빨간색이지만 헤어드라이어, 바나나 등은 노란색이다.

CHAPTER 11
전통문화

11-1 한국의 예절을 잘 알던데 비결이 뭐예요?

문법 1

● (1) 두 사람이 같은 반이던데 사이가 어때요?
　(2) 이 가게는 떡볶이가 맵던데 다른 음식을
　　　주문하세요. / 주문할까요? / 주문합시다.
　(3) 제주도가 여행하기 좋다고 하던데 이번 방학에
　　　같이 갑시다. / 갈까요? / 가는 게 어때요?

문법 2

● (1) 다 하기는요.
　(2) 학생이기는요.
　(3) 맵지 않기는.

어휘와 표현

1. (1) ①, ✕ 　　　　(2) ③, ◯
　(3) ④, ✕ 　　　　(4) ②, ◯

2. (1)–⑩ 　　　　(2)–⑭
　(3)–⑭ 　　　　(4)–⑭
　(5)–⑦ 　　　　(6)–⑯

듣고 말하기 1

1. (1) 친구의 부모님께 좋은 인상을 남기지 못해서

(2) 그릇을 들고 밥을 먹었다, 친구 부모님의 식사가 끝나기 전에 자리에서 일어났다.

듣고 말하기 2

1. (1) 윗사람과 마주보며 담배를 피우면 안 된다.

(2) 그래야 반성하는 마음이 잘 전달돼서 / 그렇지 않으면 반성하는 마음이 잘 전달되지 않아서

(3) 술을 마시지 않을 때에도 (윗사람이 권하면) 받아 놓아야 한다.

(4) 손님에게 한 손으로 물건과 카드를 드렸다.

11-2 고향에 가려다가 여행을 다녀왔어요

문법 1

● (1) 반품을 하려다가 귀찮아서 그냥 입기로 했다.

(2) 집까지 걸으려다가 너무 힘들어서 택시를 탔다.

(3) 비빔밥을 만들려다가 비가 와서 파전을 만들어 먹었다.

문법 2

● (1) 길이 막히는 바람에 약속에 늦었다.

(2) 지하철에서 조는 바람에 내려야 할 역을 지나쳤다.

(3) 수업을 제대로 듣지 않는 바람에 문법을 이해하지 못했다.

어휘와 표현

1. (1) ②   (2) ①

    (3) ③   (4) ④

2. (1)-㉯   (2)-㉰

    (3)-㉭   (4)-㉮

    (5)-㉬

읽고 말하기 1

1. (1) 16% 줄었다, 32% 줄었다

(2) 아쉽다고 생각하는 사람보다 시대의 변화에 맞는 당연한 결과라고 생각하는 사람이 많다.

읽고 말하기 2

1. (1) 오랫동안 건강하게 사는 것과 밝은 미래

(2) 아기가 태어난 지 100일이 되는 날에 먹는 떡, 아이가 100살까지 건강하고 행복하게 살기를 바라는 마음을 담고 있기 때문에

(3) 시루떡과 팥죽

(4) '하얀색'은 밝은 미래를, '붉은색'은 나쁜 것을 쫓아내는 것을 의미한다.

11-3 한 단계 오르기

생각해 봅시다

1. (1) 출근 시간이 10시에서 9시로 ~~줄었다~~.
    →   빨라졌다

(2) 갑자기 고백하면 ~~사양할까 봐~~ 고백하지 못했어요.
    →   (그 사람이) 거절할까 봐 /
          (내가) 거절당할까 봐

(3) 친구가 아무 이유 없이 ~~일부러~~ 찾아와서
    →   갑자기
    깜짝 놀랐다.

2. (1) ~~재가~~ 사진을 잘 찍던데 본 적 있어요?
    → 첸 씨가

(3) 현금으로 계산하려다가 현금이 ~~없었어요~~.
    →   없어서 카드로 계산했어요.

(4) 공부를 열심히 ~~하는 바람에~~ 장학금을 받았어요.
    →   했더니

(5) 백화점이 세일을 한다고 하던데 ~~사람이 많아요~~.
    →   같이 갈래요? / 같이 갑시다. / 진짜예요?

(6) 친구와 오늘 만나려다가 너무 바빠서 주말에 ~~만날 거예요~~.
    → 만나기로 했어요.

1. (1) ③   (2) ①
　　(3) ④   (4) ②

2. (1) 더도 말고 덜도 말고 한가위만 같아라
　　(2) 마음이 굴뚝같지만
　　(3) 해가 서쪽에서 뜨겠네
　　(4) 설마가 사람 잡는다고

실전 쓰기

1.
　　즉, 예약을 지키지 않는 사람들 때문에 많은 사람들이 불편해지는 것이다. **그러므로** 예약하기 전에 잘 생각해야 하고 예약을 했다면 반드시 지켜야 한다.

2.
　　이와 같이 돌려서 말하는 것과 직접적으로 말하는 것의 장점과 단점은 서로 다르다. **따라서** 상황에 맞게 사용하는 것이 좋다.

3.
　　이처럼 대학생들은 다양한 스트레스 때문에 힘들어하고 있으며, 한번 문제가 생기면 해결하기 어렵다. **따라서** 이러한 문제를 해결하기 위해서는 심리 상담을 받아야 한다. / 심리 상담을 받는 것이 중요하다.

CHAPTER 12
적성과 진로

12-1 노력 없이 성공했을 리가 없어요

문법 1

● (1) 그 영화를 보려던 참이었어요.
　(2) 라면을 끓이려던 참인데
　(3) 지금 나가려던 참이야.

문법 2

● (1) 여름에 눈이 올 리가 없다.
　(2) 교과서가 그렇게 비쌀 리가 없다.
　(3) 두 시가 넘었는데 수업이 안 끝났을 리가 없다.

어휘와 표현

1. (1) 최고   (2) 도전을
　　(3) 실패를   (4) 재능
　　(5) 성공을

2. (1)–㉣   (2)–㉠
　　(3)–㉤   (4)–㉢
　　(5)–㉡

듣고 말하기 1

1. (1) 피아노를 연주할 때 손이 빨리 움직여서
　　(2) 파비우: 엄청난 노력을 했기 때문에
　　　　카린: 타고난 재능이 있었기 때문에
　　(3) 맛있게 먹는 데 재능이 있다.
　　　　먹방을 찍는 것을 추천했다.

듣고 말하기 2

1. (1) • 노력 앞에는 장사 없다:
　　　　　노력을 하는 사람을 이길 수 있는 사람은 없다.
　　　　• 하늘은 스스로 돕는 자를 돕는다:
　　　　　하늘은 스스로 노력하는 사람을 도와준다.
　　(2) 주장: 노력은 재능을 이긴다.
　　　　근거: 노력에 관한 말들이 많다.
　　　　많은 연구를 통해 밝혀졌다.
　　　　(대표적으로 '만 시간의 법칙'이 있다.)
　　(3) 주장: 노력은 재능을 이기지 못한다.
　　　　근거: 재능이 없으면 최고가 될 확률이 높지 않다는 연구 결과들이 있다.
　　(4) 많은 사람들에게 성공할 수 있다는 희망을 주었기 때문에

12-2 진로를 급하게 결정해 버리면 안 돼요

문법 1

- (1) 너무 시끄러워서 TV를 꺼 버렸다.
  (2) 너무 피곤해서 수업 시간에 잠이 들어 버렸다.
  (3) 준비를 많이 못 해서 시험에서 떨어져 버렸다.

문법 2

- (1) 날씨가 더워서 창문을 여나 마나 마찬가지이다.
  (2) 인기가 많으니까 물어보나 마나 여자 친구가 있을 것 같다.
  (3) 이 단어는 유행어여서 사전을 찾아보나 마나 없을 것이다.

어휘와 표현

1. (1) 진학   (2) 취업
   (3) 인문계   (4) 자연계
   (5) 예체능계   (6) 과목

2. (1)–⑰   (2)–㉯
   (3)–㉮   (4)–㉰
   (5)–㉭

읽고 말하기 1

1. (1)

한국의 고등학교	(목적)	대학 입학	(2학년)	문과
				이과
		직업 교육	예: 컴퓨터, 자동차	

읽고 말하기 2

1. (1) 사회생활을 하다 보면 자신의 진로에 대해 다시 생각하게 되어서
   (2) 어떤 분야가 적성에 맞는지, 어떤 분야에 흥미가 있는지, 어떤 일에서 보람을 느끼는지 등을 이해하는 데 도움이 된다.
   (3) 자신의 적성과 스스로에 대해 진지하게 생각해 볼 기회를 제공할 뿐만 아니라 그전에는 알지 못한 자신의 관심 분야를 찾을 수 있도록 도와준다.

12-3 한 단계 오르기

생각해 봅시다

1. (2) 친구가 돈을 빌려달라는 말을 흔하게 해서
   →   자꾸 / 자주
   요즘 좀 불편해요.
   (4) 오늘은 중요한 날이니까 마음에 안 드는 것이 있어도 발휘하지 말고 좀 참아 주세요.
   →   표현하지

2. (1) 커피를 마시나 마나 잠이 안 와요.
   →   와요
   (2) 벌써 3시가 넘었는데 점심을 먹었을 리가 있겠어?
   →   안 먹었을 리가 있겠어? /
                     안 먹었을 리가 없어요.
   (4) 너무 보고 싶던 영화였는데 피곤해서 잠을 자고 말아 버렸다.
   → 자 버리고 말았다
   (6) 주문하신 음식은 거의 다 돼 갔습니다.
   →   갑니다
   잠시만 기다려 주세요.

어휘 늘리기

1. (1) ③   (2) ②
   (3) ④   (4) ①

2. (1) 잘 자랄 나무는 떡잎부터 안다고 하더니
   (2) 피와 살이 될
   (3) 맨땅에 헤딩을
   (4) 시간 가는 줄 몰랐어

실전 쓰기

처음

'돌려서 말하는 것'은 직접적으로 말하기 어려
정의하기
울 때 자신의 마음을 숨기고 이야기하는 **방법이다.**

예를 들어 별로 친하지 않은 친구가 갑자기 돈
예시하기
을 빌려 달라고 부탁을 할 때를 생각해 볼 수 있

다. 이런 부탁을 거절할 때 사용할 수 있는 말하
분류하기
기 방법은 '돌려서 말하는 것'과 '적접적으로 말하

는 것'으로 **나누어진다. 만약** 돈을 빌려주기 싫다
► *가정하기*
고 직접적으로 **말한다면** 친구는 기분 **나빠할 것이**

다. 이때 돈이 없어서 빌려줄 수 없다고 돌려서 **말**

한다면 친구의 기분은 상하지 **않을 것이다.** 이렇

중간   게 상대방의 기분이 상하지 않게 말할 수 **있는 것**
정의하기
은 돌려서 **말하는 것의 장점이다.** 하지만 돌려서

말하는 것에 장점만 있는 것은 아니다. '돌려서 말

하는 것'의 단점은 크게 두 가지로 **나눌 수 있다.**

첫째, 상대방이 내 말의 뜻을 오해할 수 있다. 정말
나열하기
돈이 없어서 빌려주지 못한다고 생각하고 돈이 생

길 때까지 기다린다고 말하거나 조금이라도 빌려

달라고 말할 수 있다. **둘째,** 내가 원하는 것을 전달

할 때까지 시간이 오래 걸린다. 그래서 오히려 빨

리 돈을 빌려야 하는 사람의 시간을 낭비하게 할

수 있다. **반면에** '직접적으로 말하는 것'은 '돌려서
► *비교 대조하기*
말하는 것'에 비해 원하는 것을 바로 전달할 수 있

중간   기 때문에 내 말의 뜻을 오해하지 않을 수 있을 **뿐**
나열하기
만 아니라 시간을 절약할 수 있다.

끝   이렇게 돌려서 말하는 것에는 장점도 있지만 단
정리하기
점도 있다. **따라서** 상황에 맞게 사용하는 것이 중

요하다.

돌려서 말하는 것
직접적으로 말하는 것

듣기 대본

CHAPTER 7

외국어 학습

7-1 유학을 왔으니까 열심히 공부해야지요

듣고 말하기 1

많은 외국인 유학생들이 얼마나 공부해야 한국어를 잘할 수 있을지 걱정이라고 합니다. 여러분도 이런 생각을 해 본 적이 있을 것입니다. 그때 어떻게 했습니까?

한국어 공부가 힘들게 느껴질 때는 여러분이 한국어를 배우는 목적을 생각해 보세요. 그 목적 때문에 여러분은 지금 한국어를 공부하고 있는 거니까요. 그리고 한국어 공부에 지치면 한국어를 잘하게 된 자신의 모습을 상상해 보세요. 한국어 실력이 좋아지면 무엇을 할 수 있을까요? 얼마나 더 즐거워질까요?

자신이 꿈꾸는 모습이 있다면 그 목표를 이루기 위해서 계획을 세워 보세요. 무엇을 얼마나 어떻게 공부할지 구체적으로 계획을 세우고 그 계획대로 해 보세요. 작은 계획이라도 충분합니다. 내가 계획한 대로 노력한다면 어느새 한국어 실력이 좋아진 자신을 발견하게 될 것입니다.

듣고 말하기 2

파비우 한국어 공부는 아무리 해도 끝이 없는 것 같아. 비슷한 문법도 많고. 도대체 이유를 말하는데 왜 이렇게 다양한 표현을 쓰는 거야? '-아서/어서' 하나면 되잖아. 외워야 할 단어도 많은데 비슷한 문법도 많아서 힘들어 죽겠어. 너는 한자를 아니까 단어는 조금 쉽지?

카린 아니야. 나도 단어는 어려워. 처음 공부를 시작할 때는 한자를 아니까 단어가 쉬울 것 같았는데 그렇지 않더라고. 그리고 말할 땐 한자가 없는 한글 단어를 많이 쓰는데 그런 단어는 뜻도 많잖

아. 같은 단어인데 의미가 많으니까 이해하는 게 더 힘들어.

파비우 높임말도 그래. 명사도 나이와 연세, 생일과 생신처럼 높여 써야 하는 경우가 있고. 예전에 선생님과 친해져서 수업이 끝나고 나서 "선생님, 밥을 먹으러 갑시다."라고 말한 적이 있는데 옆에 있는 친구가 깜짝 놀라면서 선생님께 그렇게 말하면 안 된다고 하더라. '-읍시다'는 반말이 아니잖아? 하지만 어른들께 쓰면 예의가 없는 표현이래.

카린 나는 다른 사람을 이름으로 부르지 못하는 것도 항상 불편하더라. 언니, 오빠, 선생님까지는 그래도 괜찮은데 가게 주인한테는 사장님, 택시 운전을 하는 사람한테는 기사님, 서빙을 하는 아주머니에게는 이모님 … 호칭이 많아서 정말 헷갈려.

파비우 하아 … 한국어를 제대로 할 수 있을지 정말 걱정된다.

카린 나도. 한국어를 잘하고 싶은데 아직 갈 길이 먼 것 같아.

CHAPTER 8

소식과 정보

8-1 뉴스에서 그 소식이 나오던데요

듣고 말하기 1

오늘 새벽, 마포구의 한 원룸 빌딩에 큰불이 났습니다. 주민들 대부분 자고 있던 시간이어서 큰 피해가 생길 수도 있었지만 한 청년의 용기로 이를 막을 수 있었습니다. 불이 난 것을 처음 발견한 20대 청년은 건물 밖으로 나왔지만 119에 신고한 후 자고 있는 사람들을 깨우기 위해 불이 난 건물로 다시 들어갔습니다. 이 청년의 노력으로 다른 주민들은 모두 무사했지만 연기 속에서 문을 두드리며 사람들을 구했던 청년은 병원으로 옮겨졌습니다. 주민들은 안타까워하며 청년이 무사히 회복하기를 바라고 있습니다. HBS 뉴스 김지호입니다.

듣고 말하기 2

민아 어머, 어떡해 ….

빈 뭘 보고 있어?

민아 혹시 며칠 전에 뉴스 봤어? 마포구 원룸에 불이 난 뉴스.

빈 아, 어떤 대학생이 불이 난 건물에서 사람들을 많이 구했다는 뉴스? 그 학생만 병원으로 옮겨졌다고 하던데.

민아 맞아. 그런데 그 학생이 사고가 난 지 열흘 만에 세상을 떠났대.

빈 정말? 아 … 정말 안타깝다. 나이도 우리랑 비슷할 것 같은데.

민아 그러게 말이야. 사람들을 구하러 다시 건물로 들어가지 않았다면 살 수 있었을 텐데. 어머니의 인터뷰를 봤는데 너무 안타깝고 슬펐어.

빈 가끔 자신을 희생해서 다른 사람들을 구한 이야기를 들으면 정말 안타까워. 사실 그래서 난 뉴스를 잘 안 보는 편이야. 뉴스에는 보통 좋은 소식보다 나쁜 소식이 훨씬 많이 나오잖아. 지금처럼 슬픈 소식도 그렇고, 정치인들이 싸우는 뉴스나 사회·경제 문제들, 다른 나라에서 일어난 전쟁 소식 같은 것들. 이런 뉴스를 보면 괜히 기분만 안 좋아지고 스트레스 받아서 별로 보고 싶지 않아.

민아 그렇구나. 네 말도 맞지만 나는 뉴스를 볼 필요가 있다고 생각해. 요즘처럼 정보가 중요한 세상에서 뉴스를 보지 않으면 다른 사람들이 다 알고 있는 정보를 나만 몰라서 문제가 될 수도 있지 않을까?

빈 글쎄, 아직까지는 뉴스를 보지 않아서 문제가 된 적은 없는 것 같은데. 그리고 요즘은 인터넷이 아주 발달했으니까 필요하면 그때그때 찾아보면 되고.

민아 필요해서 어떤 정보를 찾아보는 것과 요즘 우리 주변에 무슨 일이 일어나는지 평소에 관심을 갖고 지내는 것은 좀 다른 것 같아. 뉴스를 보지 않는다면 이렇게 자신을 희생해서 많은 사람들을 구한, 용감한 사람들의 이야기도 알 수 없잖아.

빈 에이, 꼭 텔레비전 뉴스를 보지 않아도 요즘에는 정보를 얻을 수 있는 방법이 다양하잖아.

민아 그렇긴 하지만 텔레비전 뉴스가 더 정확하지 않을까?

빈 음, 글쎄 ….

CHAPTER 9

일상의 문제

9-1 체했을 때는 음식을 먹지 못하게 하세요

듣고 말하기 1

남자 네, 119입니다.

여자 여보세요? 저희 아이가 갑자기 숨을 못 쉬어 가지고 전화했는데요. 빨리 좀 와 주세요.

남자 네, 신고자분. 우선 집 주소가 어떻게 되시죠?

여자 마포구 상수동 홍익아파트 105동 1102호예요.

남자 지금 아이 상태가 어떤가요? 저희가 곧 갈 테니까 아이 상태를 좀 말씀해 주세요.

여자 아이하고 저녁을 먹고 있었는데 아이의 얼굴이 갑자기 빨개지더니 입 주위가 붓고 기침을 심하게 했어요. 그러다가 지금은 숨쉬기도 힘들어해요. 어떡해요. 빨리 와 주세요.

남자 신고자분 말씀을 들어 보니 알레르기 쇼크 같은데요. 다른 증상은 없습니까?

여자 네, 그런데 숨소리가 점점 커지면서 곧 쓰러질 것 같아요.

남자 네, 알겠습니다. 그럼 우선 저희가 도착할 때까지 아이를 바닥에 눕히시고 호흡을 확인해 주세요. 혹시 집에 비상약 같은 건 있나요?

여자 아니요, 이런 적은 처음이라서요.

남자 네, 5분 안에 구급차가 도착할 겁니다. 너무 불안해하지 마시고 아이 상태를 확인하면서 기다려 주세요.

여자 네, 네. 알겠습니다. 빨리 와 주세요.

듣고 말하기 2

진행자 여러분, 안녕하세요? 오늘은 지난 시간에 이어 생활 속 응급 상황과 응급 처치 방법에 대해 알아보도록 하겠습니다. 선생님, 어서 오세요.

전문가 네, 안녕하세요?

진행자 선생님, 저희가 지난주에는 갑자기 쓰러져서 비정상적으로 호흡을 하는 사람에게 필요한 심폐소생술에 대해 배웠습니다. 그런데 사실 이렇게 위험한 상황 말고도 우리 주변에서 흔히 일어날 수 있는 응급 상황이 많이 있는데요. 오늘은 이럴 때 할 수 있는 응급 처치 방법에 대해 배워 볼 수 있을까요?

전문가 네, 말씀하신 대로 다양한 응급 상황이 생길 수 있고, 이럴 때 당황하기 쉬운데요. 응급 처치 방법을 잘 배워 두신다면 크게 도움이 될 것 같습니다.

진행자 네, 그럼 첫 번째로는 화상에 대해 알아보면 좋을 것 같은데요. 뜨거운 물에 데었을 때는 어떻게 해야 할까요?

전문가 화상 사고가 발생하면 먼저 덴 곳을 식혀야 합니다. 이때 얼음을 사용하는 경우가 있는데 이것은 좋지 않은 방법입니다. 상처를 흐르는 물에 30분 이상 식힌 후에 깨끗한 거즈나 붕대로 감싼 후 빨리 병원에 가는 것이 좋습니다.

진행자 그럼 찢어지거나 베어서 상처가 생겼을 때 필요한 응급 처치는 무엇일까요?

전문가 네, 이때도 먼저 흐르는 물에 상처를 씻어내고 피가 많이 난다면 깨끗한 거즈로 상처를 눌러 피를 멈추게 해야 합니다. 더 이상 피가 나지 않으면 상처를 소독하고 밴드를 붙이거나 붕대를 감아 주시면 되고 찢어진 상처가 크다면 병원에 가서 꿰매셔야 합니다.

진행자 그럼 마지막으로 삐거나 부러진 경우에는 어떻게 해야 할까요?

전문가 삐거나 부러지면 그 부분이 붓기 시작하는데요. 먼저 얼음을 이용해 부은 곳을 차갑게 해 주는 것이 좋습니다. 이때 얼음이 피부에 직접 닿지 않게 주의해야 합니다. 그리고 붕대 등을 이용해 다친 부위를 곳을 단단하게 감은 후 높게 올려야 합니다. 다리를 다쳤다면 베개 등을 이용해 다리를 심장보다 높게 올려 더 이상 붓지 않게 하는 것이 좋습니다.

CHAPTER 10

생활 습관

10-1 빈 씨가 예전에는 대충 먹더니 요즘에는 잘 챙겨 먹네요

듣고 말하기 1

카린 5년 전에 비해서 냉동식품 소비가 증가했대.

파비우 그래? 냉동식품은 몸에 별로 안 좋은데 소비가 많아졌네.

카린 편해서 그렇겠지. 나도 유학 오고 나서 외식도 자주 하고 냉동식품도 많이 먹었어. 그렇게 대충 챙겨 먹었더니 건강이 안 좋아지더라. 그래서 요즘 이런 기사에 관심이 생겼어.

파비우 나도 그래. 그래서 빈처럼 요리를 할까 생각 중이야.

카린 직접 만들어서 먹는 게 좋지. 빈도 건강 때문에 요리를 하더니 몸이 좋아졌잖아.

파비우 빈은 건강 때문이 아니라 살을 빼려고 요리를 시작했을걸.

카린 그래? 예전에는 패스트푸드를 많이 먹더니 요즘은 안 먹어서 건강 때문인 줄 알았어.

파비우 유학 오고 나서 대충 먹었더니 살이 많이 쪘대. 빈도 처음에는 살을 뺀다고 사과만 먹더니 요즘은 탄수화물을 안 먹는 다이어트를 한다고 하던데.

듣고 말하기 2

선생님 오늘은 여러분의 짧은 발표를 듣고 이야기를 나눠 볼 거예요. 발표 주제는 건강에 도움이 되는 식습관이에요. 이번 기회에 건강한 식생활을 위해서 바람직한 식습관에 대해 알아보고 우리 모두가 좋은 습관을 기를 수 있으면 좋겠네요. 그럼 이제 친구들이 준비한 발표를 들어 볼까요?

마크 안녕하세요? 오늘 첫 번째로 발표를 하게 된 마크입니다. 저는 오늘 지중해식 식단에 대해 이야기해 보려고 합니다. 지중해는 스페인, 이탈리아, 그리스 근처의 바다를 말하는데 지중해식 식단은 이 지역의 전통적인 식습관에서 시작되었습니다. 채소, 과일, 콩 등 가공하지 않은 식품을 주로 먹고 단백질도 주로 닭고기 같은 지방이 적은 고기와 해산물로 섭취합니다. 지중해식 식단은 특히 체중을 유지하고 정신 건강을 지키는 데에 도움이 되는데요, 건강을 생각해서 식습관을 바꾸고 싶다면 지중해식 식단을 시작해 보는 건 어떨까요? 그럼 발표를 마치겠습니다. 들어 주셔서 감사합니다.

카린 여러분, 안녕하세요? 카린입니다. 앞에서 마크 씨가 무엇을 먹는 것이 좋은지 이야기해 주었는데요, 저는 어떻게 먹는 것이 건강에 좋은지 이야기하려고 합니다. 아무리 좋은 음식이라고 해도 급하게 먹으면 몸에 좋지 않습니다. 또 밤늦게 먹지 않아도 과식을 하면 문제가 생길 수도 있습니다. 건강을 위해서 규칙적으로 적당한 양의 음식을 천천히 먹는 습관을 길러야 합니다. 스트레스 때문에 폭식을 하는 경우도 있는데, 자신의 식사량에 맞는 그릇을 준비해서 거기에 담긴 음식만 잘 씹어 먹으면 너무 많이 먹거나 급하게 먹는 일을 피할 수 있습니다. 이렇게 간단한 방법으로 식습관을 바꾸면 건강에 도움이 될 거라고 생각합니다. 지금까지 제 발표를 들어 주셔서 감사합니다.

CHAPTER 11
전통문화

11-1 한국의 예절을 잘 알던데 비결이 뭐예요?

듣고 말하기 1

엠마 지난 주말에 한국 친구의 부모님을 만나러 간다고 했잖아요. 잘 다녀왔어요?

파비우 네. 그런데 식사하기 전에는 분위기가 좋았는데, 식사가 끝난 후에는 분위기가 좀 어색해진 것 같았어요.

엠마 혹시 실수한 거 아니에요? 자세히 이야기해 보세요.

파비우 특별한 건 없었어요. 밥을 먹을 때 그릇을 놓고 먹는 게 좀 불편해서 그릇을 들고 식사를 했어요. 그리고 밥을 빨리 먹는 편이어서 친구의 부모님보다 일찍 식사가 끝났는데 기다리는 게 어색해서 먼저 일어났어요.

엠마 파비우 씨가 한 행동은 모두 한국의 식사 예절에 어긋나는 행동이에요.

파비우 정말요? 저는 친구들과 밥 먹을 때에는 아무 문제도 없어서 괜찮은 줄 알았어요.

엠마 친구와는 좀 편하게 먹어도 괜찮아요. 하지만 윗사람을 처음 만나는 자리처럼 예의를 지켜야 할 때에는 조심해야 해요.

파비우 아, 그렇군요. 일부러 그런 건 아니었는데 … 친구 부모님께 좋은 인상을 남기고 싶었는데 너무 속상하네요. 제가 얘기해도 제 친구들은 뭐가 잘못됐는지 모르던데 엠마 씨는 한국의 예절을 잘 아는 것 같아요. 부러워요.

엠마 잘 알기는요. 저도 한국의 예절을 다 알려면 멀었어요. 그럼 우리 한국의 예절에 대해 수업 시간에 선생님께 여쭤볼까요?

파비우 좋은 생각이네요!

듣고 말하기 2

파비우 선생님, 한국의 예절에 대해 알고 싶어요. 얼마 전에 예의 없는 사람으로 오해를 받은 적이 있었거든요.

선생님 저런, 많이 당황했겠네요. 그럼 우선 여러분이 알고 있는 한국의 예절은 어떤 것이 있는지 한번 들어 봅시다.

첸 저는 담배를 피우다가 우연히 알게 된 예절이 있어요. 집 앞에서 담배를 피울 때 주인 할아버지를 만났는데 제가 담배를 피우면서 인사를 했더니 할아버지가 좀 놀라신 것 같았어요. 나중에 알고 보니까 한국에서는 윗사람과 마주보며 담배를 피우지 않는다고 하더라고요.

파티마 저는 얼마 전에 일을 잘못해 가지고 혼이 날 때 사장님의 눈을 보면서 이야기를 들었더니 사장님이 뭐라고 하셨어요. 그럴 때에는 고개를 숙이고 들어야 한다고요. 그렇지 않으면 반성하는 마음이 제대로 전달되지 않는대요. 마크 씨는 한국에 오래 살았으니까 이런 실수를 하지 않을 것 같아요.

마크 안 하기는요. 저도 얼마 전에 알았는데 술을 마시고 싶지 않을 때에도 윗사람이 권하면 잔에 술을 받아 놓아야 한다고 하더라고요. 일을 하면서 만난 사람들과 술을 마시게 됐는데 그때 제가 술을 사양했더니 받아만 놓으면 된다고 가르쳐 줬어요.

엠마 제가 얼마 전에 아르바이트를 시작했잖아요. 그런데 어떤 손님이 계산할 때 갑자기 기분 나빠하시더라고요. 나중에 알고 보니까 제가 한 손으로 카드와 물건을 드려서 그런 거였어요. 한국에서 예의 바른 사람이 되려면 한참 먼 것 같아요.

선생님 여러분도 한국에서 생활하다 보면 자연스럽게 한국의 예절에 대해서도 잘 알게 될 거예요. 파비우 씨, 메모하면서 열심히 듣던데 조금 도움이 됐어요?

파비우 네, 책이나 인터넷을 찾아보는 것보다 친구들의 이야기를 듣는 게 더 좋은 것 같아요. 재미도 있고 오래 기억할 수 있을 것 같거든요.

선생님 그럼 여러분의 경험을 좀 더 들어 볼까요?

CHAPTER **12**

적성과 진로

12-1 노력 없이 성공했을 리가 없어요

듣고 말하기 1

카린 뭐 보고 있는 거야? 재미있는 거라도 있어?

파비우 너 이 영상 봤어? 이번에 국제 대회에서 우승한 피아니스트 영상인데 엄청나더라고.

카린 당연히 봤지. 진짜 대단하지 않니? 사람 손이 어떻게 그렇게 빨리 움직일 수가 있지?

파비우 그러게 말이야. 연습을 얼마나 많이 해야 그렇게 연주할 수 있을까?

카린 연습도 많이 했겠지만 타고난 재능이 있었던 거지.

파비우 글쎄, 유명한 음악가들이 다 재능이 뛰어났던 건 아니잖아. 엄청난 노력을 했기 때문에 이런 연주도 할 수 있는 거라고.

카린 그건 그렇지. 인터뷰 기사에서 봤는데 피아노 연습 이외엔 관심 있는 게 아무것도 없을 정도래. 하지만 재능이 있었기 때문에 이런 성공이 가능했다고 생각해. 노력도 중요하기는 하지만 노력만 한다고 누구나 다 성공할 수 있는 건 아니잖아.

파비우 네 말이 맞다면 나처럼 아무 재능 없이 태어난 사람들은 어떡하라고.

카린 네가 왜 재능이 없어? 맛있게 먹는 데 재능이 있잖아. 이번 기회에 먹방을 찍어 보는 건 어때?

파비우 안 그래도 해 볼까 말까 고민 중이야.

듣고 말하기 2

진행자 한국 사람들이 흔히 하는 말 중에 '노력 앞에 장사 없다'라는 말이 있습니다. 이것은 '노력하는 사람을 이길 수 있는 사람은 없다'는 의미로 '노력'의 중요성을 강조하는 말입니다. '노력은 재능을 이긴다.' 정말 이 말처럼 타고난 재능이 없어도 누구나 목표를 가지고 노력한다면 성공할 수 있을까요?

패널(남) 네, '하늘은 스스로 돕는 자를 돕는다'라는 말이 있지 않습니까? 99%의 노력이 천재를 만든다는 에디슨의 유명한 말도 있고요. 노력에 대한 말들이 이렇게 많은 이유는 성공하는 데에 노력이 그만큼 중요하다는 의미겠지요.

패널(여) 저는 그렇게 생각하지 않습니다. '하면 된다'라는 무책임한 주장을 하면서 지금도 많은 사람들에게 노력만을 강조하고 있는데요. 엄청난 노력을 했어도 성공하지 못한 사람들은 노력이 부족해서 성공하지 못한 것일까요? 노력은 재능을 이기지 못한다. 저는 오히려 이렇게 주장하고 싶습니다.

패널(남) 노력의 중요성은 이미 많은 연구를 통해 밝혀졌습니다. 대표적으로 '만 시간의 법칙'이 있지 않습니까? 미국의 한 심리학자는 연구를 통해서 재능이 중요할 거라고 생각되는 음악가들도 결국 재능보다 노력으로 성공이 결정된다는 것을 알게 됐습니다. 이 연구로 누구든지 어떤 분야에 만 시간을 투자하면 그 분야에서 뛰어난 사람이 될 수 있다는 '만 시간의 법칙'도 만들어졌고요. 자신의 재능만 믿고 노력하지 않으면 절대 최고가 될 수 없습니다.

패널(여)　그렇지 않아도 저 역시 그 이야기를 하려던 참이었는데요. 한때 그런 내용의 책들이 크게 유행했던 적이 있었죠. 많은 사람들에게 타고난 재능이 없어도 노력만 하면 성공할 수 있다는 희망을 주었기 때문일 겁니다. 하지만 안타깝게도 그 이후에 나온 여러 연구에서는 어떤 분야에서든지 타고난 재능이 없으면 노력만으로는 최고가 될 확률이 높지 않다는 것을 알 수 있었습니다. 물론 재능을 발휘할 수 있게 노력해야 하는 것은 맞지만 아무 재능도 없는 사람이 노력만으로 최고가 되는 것은 절대 쉬운 일이 아닙니다.

진행자　두 분의 이야기를 듣고 보니 재능과 노력, 둘 다 어떤 분야에서 최고가 되기 위해서는 반드시 필요한 것 같습니다. 하지만 어떻게 하면 성공할 수 있는지 보다 왜, 무엇을 위해 성공하고 싶은지가 더 중요하지 않을까요? 여러분, 그럼 다음 시간에 뵙겠습니다.

색인

○

ㅈ

ㅊ

MEMO

Hi! KOREAN 3B
Student's Book

지은이 김수미, 신현주, 이현숙, 진혜경
펴낸이 정규도
펴낸곳 (주)다락원

초판 1쇄 인쇄 2023년 11월 27일
초판 1쇄 발행 2023년 12월 5일

책임편집 이숙희, 이현수
디자인 김나경, 안성민, 윤현주
일러스트 윤병철
번역 Jamie Lypka
이미지 출처 shutterstock, iclickart

다락원 경기도 파주시 문발로 211, 10881
내용 문의 : (02)736-2031 내선 420~426
구입 문의 : (02)736-2031 내선 250~252
Fax : (02)732-2037
출판등록 1977년 9월 16일 제406-2008-000007호

Copyright © 2023 김수미, 신현주, 이현숙, 진혜경

저자 및 출판사의 허락 없이 이 책의 일부 또는 전부를
무단 복제·전재·발췌할 수 없습니다. 구입 후 철회는 회사
내규에 부합하는 경우에 가능하므로 구입 문의처에 문의
하시기 바랍니다. 분실·파손 등에 따른 소비자 피해에
대해서는 공정거래위원회에서 고시한 소비자 분쟁 해결
기준에 따라 보상 가능합니다. 잘못된 책은 바꿔 드립니다.

ISBN 978-89-277-3324-9 14710
        978-89-277-3313-3 (set)

http://www.darakwon.co.kr
다락원 홈페이지를 방문하시면 상세한 출판 정보와 함께
MP3 자료 등 다양한 어학 정보를 얻으실 수 있습니다.